中国农业转移人口市民化及其成本分担机制研究

ZHONGGUO NONGYE ZHUANYI RENKOU SHIMINHUA
JIQI CHENGBEN FENDAN JIZHI YANJIU

姚明明 ◎ 著

首都经济贸易大学出版社

Capital University of Economics and Business Press

·北 京·

图书在版编目(CIP)数据

中国农业转移人口市民化及其成本分担机制研究/姚明明
著. — 北京:首都经济贸易大学出版社,2019.1
ISBN 978 – 7 – 5638 – 2835 – 7

Ⅰ. ①中… Ⅱ. ①姚… Ⅲ. ①农村劳动力—劳动力转移—
研究—中国 ②民工—城市化—研究—中国 Ⅳ. ①F323.6
②D4226.4

中国版本图书馆 CIP 数据核字(2018)第 141650 号

中国农业转移人口市民化及其成本分担机制研究
姚明明 著

责任编辑	王 猛
封面设计	砚祥志远·激光照排 TEL: 010-65976003
出版发行	首都经济贸易大学出版社
地 址	北京市朝阳区红庙(邮编 100026)
电 话	(010)65976483 65065761 65071505(传真)
网 址	http://www.sjmcb.com
E - mail	publish@cueb.edu.cn
经 销	全国新华书店
照 排	北京砚祥志远激光照排技术有限公司
印 刷	北京建宏印刷有限公司
开 本	710 毫米×1000 毫米 1/16
字 数	238 千字
印 张	13.5
版 次	2019 年 1 月第 1 版 2019 年 12 月第 2 次印刷
书 号	ISBN 978 – 7 – 5638 – 2835 – 7/F·1554
定 价	45.00 元

序　言

  城市是人类政治、经济、文化发展的中心。城市的诞生是文明形成的重要标志,城市发展史也是一部人类文明史。正如美国著名城市学家乔尔·科特金在其《全球城市史》的前言中所写到的:"人类最伟大的成就始终是她所缔造的城市。城市代表了我们作为一个物种具有想象力的恢宏巨作,证实我们具有能够以最深远而持久的方式重塑自然的能力。"城市化或城镇化是乡村转变为城市的一种复杂过程,而且城镇化是伴随工业化发展而逐步完成的,是非农产业在城镇集聚、农村人口向城镇集中的自然历史过程,是人类社会发展的客观趋势,也是国家现代化的重要标志。因此,城镇化在内容上至少包含了四种转型,即人口结构的转型、经济结构的转型、地域空间的转型和生活方式的转型,而人口结构转型,是四种转型中最为关键,也是最能体现城镇化是否成功、是否健康的标志。

  从城镇化的一般规律来看,一个国家城镇化率在30%~70%之间是城镇化速度比较快的一个时期,中国现在城镇化率是58.5%,还处在较快发展区间。预计到2020年,中国城镇化率会达到60%左右,到2030年会达到70%左右。

  中国的城镇化,已取得了非凡的成就。2018年是改革开放40周年,40年里中国发生了巨变,其中最大变化就是中国的城市化进程。中国城镇化率从1978年的17.9%提高到了2017年的58.5%;城镇常住人口由1978年1.72亿人提高到2017年的8.13亿人。在过去40年,中国走完了发达国家上百年才完成的城镇化进程。但是,正如作者在文中阐述的,在城镇化快速发展过程中,也存在一些必须高度重视并着力解决的突出矛盾和问题。例如,大量农业转移人口难以融入城市社会,市民化进程滞后。目前农民工已成为我国产业工人的主体,受城乡分割的户籍制度影响,被统计为城镇人口的2.34亿农民工及其随迁家属,未能在教育、就业、医疗、养老、保障性住房等方面享受城镇居民的基本公共服务,产城融合不紧密,产业集聚与人口集聚不同步,城镇化滞后于工业化。城镇内部出现新的二元矛盾,农村留守儿童、妇女和老人问题日益凸显,给经济社会发展带来诸多风险隐患。再如,土地城镇化快于人口城镇化,建设用地粗放低效。一些城市过度扩张,过分追求宽马路、大广场,新城新区、开发区和工业园区占地过大,建成区人口密度偏低。一些地方过度依赖土地出让收入和土地抵押融资推进城镇建设,加剧了土地粗放利用,浪费了大量耕地资源,威胁到国家粮食安全和生态安全,也加大了地方政府性债务等财政金融风险。

正是基于以上存在的矛盾和突出问题,有序推进城镇化,特别是有序促进农业转移人口的市民化,已经成为新型城镇化的重要议题和重大任务。党的十八大报告,明确提出以人为核心的新型城镇化道路,并将有序推进农业转移人口市民化作为近中期我国新型城镇化工作的重点。党的十九大报告指出,以城市群为主体构建大中小城市和小城镇协调发展的城镇格局,加快农业转移人口市民化。2018 年政府工作报告提出,本年度再实现进城落户 1 300 万人,加快农业转移人口市民化。中央政府层面,已经将农业转移人口作为中国新型城镇化的重要动力,而近年来大中小城市房价高企、随迁子女上学难、进城务工人员就医贵等高成本现象,在很大程度上影响了农业转移人口市民化的资本支付能力。

面对着农业转移人口市民化的巨大成本带来的压力,亟须构建适合新型城镇化发展要求的市民化成本分担机制,有序推动农业转移人口跨越成本障碍,顺利实现市民化。正如姚明明博士在书中阐述的:①构建有效可行的农业转移人口市民化成本分担机制,是化解长期城乡二元结构造成"成本积淀"的核心任务。长期以来,我国城乡人口分治,户籍制度不但限制了农业人口向城镇转移的自由和动力,而且积淀了太多城乡公共服务不均等的"差异成本"。通过构建有效的市民化成本分担机制,可以缓解市民化过程中存在的成本压力,促进城乡一体化发展。②构建有效可行的农业转移人口市民化成本分担机制,是解决当前市民化过程中面临巨额成本问题的重要途径。农业转移人口市民化成本分担机制对促进农业转移人口有序市民化、缓解地方政府财政支出压力和解决"空城""鬼城"等土地城镇化超前等城镇发展问题具有重要的意义。③构建有效可行的农业转移人口市民化成本分担机制,是构建社会主义和谐社会的客观而紧迫的要求。坚持在公平和效率的原则上建立农业转移人口市民化成本分担机制,既可逐步化解市民化过程中农民工等农业转移群体受到的同城不同权、同工不同酬等不平等待遇,也可缓解城乡公共服务不均等现实困境。有效分担市民化过程的成本,能够促进有意愿进城的农业转移人口成为市民,有助于谋划农业转移人口市民化的公共政策体系,对实现农业转移人口彻底的市民化、推进新型城镇化建设、巩固工农城乡关系、促进经济社会发展稳定具有重要的现实意义。在农业转移人口市民化成本分担机制方面,姚明明博士从人本价值观出发,将农业转移人口市民化成本区分为私人发展成本与公共发展成本,并在此基础上以浙江省为例,应用边际增量法测算了私人发展成本与公共发展成本,最后前瞻性地提出了深化农村土地产权制度改革、建立城乡一体的户籍制度和城乡一体的社会保障制度等,并创造性地从短期和中长期视角具体提出了社会发展成本分担机制。这为探索建立健全农业转移人口市民化成本分担机制,提供了重要的政策参考、理论认知与学术启示。

可以预见,按照建设中国特色社会主义五位一体总体布局,顺应城镇化发展规律和人口结构转型一般规律,建立健全农业转移人口市民化成本分担机制,因势利导、趋利避害、积极稳妥、扎实有序推进人口的城镇化,对全面建成小康社会、加快社会主义现代化建设进程、实现中华民族伟大复兴的中国梦,具有重大现实意义和深远历史意义。

前　言

随着我国城镇化进程的持续推进和农村剩余劳动力从无限供给转为有限供给,农业转移人口市民化已经成为一个不可回避的问题。但是中国的乡城人口转移模式独具特色,体现为从农民到市民的职业转换和地域转移的非同步化、非合一性和非彻底性,人口的城镇化进程落后于土地的城镇化进程,出现城中村、人的半城市化、空心村等特殊现象。党的十八大针对上述粗放型的城镇化模式,提出了"以人为核心"的新型城镇化道路,但是农业转移人口的市民化却面临着巨大的成本问题,即农业人口由农民转变为市民不仅是户籍身份的转变,而且是城市公共服务对象规模的增加,需要大量的资金投入。

2014 年政府工作报告中,中央政府首次提出"探索建立农业转移人口市民化成本分担、多元化城镇建设投融资等机制",体现了政府促进农业转移人口市民化的决心,也揭示了所面临的困境。2017 年中国共产党第十九次全国代表大会指出,过去的五年,"城镇化率年均提高 1.2 个百分点,8 000 多万农业转移人口成为城镇居民",并再次强调"以城市群为主体构建大中小城市和小城镇协调发展的城镇格局,加快农业转移人口市民化"。农业转移人口市民化既是解决"三个 1 亿人"问题、破解城乡二元结构的重点难点,也是实施供给侧结构性改革、促进城乡协调发展的重要内容,更是支撑我国经济保持中高速增长、顺利对接"两个一百年"奋斗目标的内生动力,对优化城乡收入分配格局、促进社会和谐稳定、培育经济发展新动能具有重要意义和深远影响。因此,本书研究的目的在于面对农业转移人口市民化进程特殊性及市民化成本巨大的双重挑战,在分析我国城镇化过程、农业转移人口市民化现状及市民化成本的基础上,尝试建立一个系统可行的、多元主体参与的成本分担机制,最终促进我国农业转移人口向城镇的有序转移,推动我国新型城镇化的顺利进行。

本书从上述研究背景和目的出发,围绕研究主题,按照层进式研究思路,在内容上分为七个部分:第一部分是本书研究背景和理论基础部分,包含绪论、国内外文献综述、基本概念界定及理论基础三章;第二部分是农业转移人口市民化历史回顾及现状分析;第三部分是农业转移人口市民化成本分析,并探讨了农业转移人口市民化成本产生的原因、特征及测算规模等;第四部分是农业转移人口市民化成本影响的分析,从成本与收益的角度,利用扩展的家庭联合迁移模型,分析了农业转移人口家庭市民化行为的影响因素;第五部分是农业转移人口市民化成本分担的原因分析,主要解决成本分担的原因及成本分担机制是如何演化的问题;第六部分是如何构建农业转移人口市民化成本分担机制的研究;最后是对本书主要研究结论的总结,并在此基础上提出政策建议,旨在有效分担市民化成本,促进农业人口或家庭向城镇有序转移,推动新型城镇化顺利实施。

本书的研究发现:①我国农业转移人口市民化的过程不同于世界其他国家乡城人口转移的现象,具有特殊的"两步转移"模式,即经历了"农民→农民工→市民"和"农民→征地农民→市民"的转移过程。②我国农业转移人口市民化的总成本构成中,私人发展成本占比约14%,社会发展成本占比为86%,且市民化成本规模巨大,单一主体不可能完全负担。③当土地收益(包括转租、宅基地收益)能够弥补城镇租房支出时,可以极大促进农村人口向城镇转移。④农业转移人口市民化成本产生的原因来自中国特殊的制度环境和经济环境,长期存在的二元户籍制度、改革缓慢的土地制度、不健全的城镇就业制度等是引起市民化成本长期存在的重要制度因素,而经济发展权和政治发展权的缺失,是引起市民化成本产生的间接非制度因素。社会发展成本具有外部性和收益伴生性,而私人发展成本可以在市民化过程中通过内部化解决。⑤主动市民化过程给农业人口迁入地和迁出地的各级地方政府带来的正外部性大于负外部性;被动市民化过程中,地方政府在"土地财政"驱动下,征地政策的非理性增加了农业转移人口失去土地使用权的机会成本。⑥通过演化式博弈分析发现,在目前我国农业转移人口市民化过程中,政府和农业转移人口在市民化成本分担方面的博弈具有双重均衡点(市民化,分担)和(维持现状,不分担)。通过完全信息下多元博弈分析发现,地方政府和中央政府增加社会发展成本分担的比例,将有利于多元博弈实现(主动,合作,配合)的策略均衡。⑦在市民化成本分担机制构建方面,我们分析发现,私人发展成本沿着确权、颁证、赋权到分利的路径,增加了农业转移人口或家庭土地财产的收益,提高了自身市民化私人发展成本承担的能力。社会发展成本分担，从中长期看，需要中央政府和地方政府分"三步改革"创新土地、户籍、社会保障等制度，降低市民化过程中的制度性成本;在短期，通过税收收入、土地出让收益、财政专项转移支付及地方政府债券等方式满足公共物品支出和社会服务支出。

　　本书可能的主要创新点在于:①无论是农业转移人口主动市民化还是被动市民化，必须考虑土地城镇化过程中政府可能的土地收益问题，这有助于准确核算农业转移人口市民的真实成本(避免高估或低估)和各级成本分担主体的责任范围。②基于农业转移人口家庭，以宏观因素为重点研究层面的同时，兼顾了农业转移人口的家庭层面，从家庭市民化成本与收益角度出发，尝试建立了以"农业转移人口家庭市民化"为对象的乡城人口流动模型。③进一步验证了经济理性因素和政策非理性因素共同作用下，农业转移人口市民化分为主动市民化和被动市民化现象。④在农业转移人口市民化成本测算方面，本书在重新审视成本构成的基础上，基于"边际"和"增量"的测算方法，对农业转移人口市民化的私人发展成本和社会发展成本进行测算，得出了更为严谨的农业转移人口市民化成本额度。⑤在政策建议方面，基于研究结论和机制设计理论，批判性地扬弃了学者针对农民工个人的城镇化政策建议，进而提出了推动农业转移人口家庭城镇化的政策建议，旨在彻底解决农村劳动力外出务工过程中引起的留守儿童、空巢老人等社会问题。

目　录

图表目录

第 1 章

绪　　论

1.1　研究背景

当前，我国已进入全面建成小康社会的决定性阶段，不仅经济转型升级处于重要时期，而且城镇化进程也处于深入发展的关键时期。特别是党的十八大以后，我国提出了以人为核心的新型城镇化道路。人口的城镇化是涉及经济体制、社会结构、体制变迁及心理、社会意识等多层次转换的动态、持久的整合过程。而有序推进农业转移人口市民化，是中央确定的近中期我国城镇化工作的重点。

改革开放以来，国内经济转型和体制转轨，为人口流动的发生提供了就业空间和制度空间，造成了数以亿计的农业转移人口涌向东部沿海城市或就近城镇务工，形成了波澜壮阔的"民工潮"，为城市的第二、第三产业的发展和城市建设做出了巨大贡献。然而，在以户籍制度为主要壁垒的城乡二元结构体制制约下，这部分农业转移人口并没有直接、彻底地转化成市民，而成了亦工亦农、城乡两栖流动的特殊社会群体——农民工，从而造成中国特有的农业转移人口市民化的二步转移方式：农民→农民工，农民工→市民。这种独具中国特色的乡城人口转移模式，体现为从农民到市民的职业转换和地域转移的非同步化、非合一性和非彻底性（周平，2013）。从目前看，这种农业转移人口市民化的"两步转移"，可以被分为两个子过程：第一个过程是从农民单纯依靠农业生产向亦工亦农的职业转换，这个过程的实现在国家法律、法规和保护农民权益的支持下，已经不存在障碍；第二个过程是从农民工身份到市民身份，融入城市，彻底实现产业工人身份和地域转移的过程，目前的进展仍然步履维艰。这也是为什么中国的城镇化进程落后于工业化进程、人口的城镇化进程落后于土地的城镇化进程的重要原因之一。在中国人口城市化的进程中，实现农业转移人口彻底的市民化，是当前经济社会发展的客观要求，对促进农业剩余劳动力的转移和提高劳动要素的效率、实现农村经济增长、促进新型城镇化建设和构建城乡和谐社会都具有极其重要的战略意义。

因此，坚持走以人为核心的新型城镇化道路，深入探索农业转移人口市民化过程成本分担机制，是促进"人的城镇化"健康发展、实现产城融合及产业集聚与人口集中同步的重要研究课题。

1.2　研究的目的和意义

1.2.1　研究的目的

农业转移人口市民化的真正落脚点是"市民"，也就是上述第二过程的实现。市民化的实现，体现为两个特征：其一，以获得城镇居民户籍为核心的身份特征；其二，以享受到与城镇居民同等公共服务内容和水平为核心的质量特征，其中公共服务包括随迁子女教育，家庭成员的医疗、卫生、社会保障、住房保障等。以上两个特征的真正实现，代表了农业转移人口从进入到融入城市的真正实现，即市民化的真正实现。农业转移人口均等享受城市公共服务、提高城市适应能力及有效融入城市，这些福利待遇的实现，将原本只覆盖本地城市户籍居民的基本公共服务扩大到农业转移人口，并保证其特殊权益，所需要增加的额外投入，可以视为农业转移人口市民化的社会成本。2014 年政府工作报告，首次提出"探索建立农业转移人口市民化成本分担、多元化城镇建设投融资等机制"，体现了政府促进农业转移人口市民化的决心，也揭示出面临的困境。因此，本书研究的目的在于面对农业转移人口市民化成本的巨大挑战，尝试建立一个系统可行的多元主体参与的成本分担机制，根本目的在于有效促进农业转移人口向城市转移，推动我国新型城镇化的顺利进行。

1.2.2　研究的理论意义

本书研究的主要理论意义体现在以下两个方面：

第一，在剖析农业转移人口非家庭市民化行为弊端的基础上，从成本与收益的视角，重新审视了农业转移人口家庭市民化行为的理论模型分析。

在对现有关于农业转移人口市民化行为理论分析的基础上，结合我国农业转移人口市民化的具体实际，加入土地增值收益影响因素后，从成本收益的角度，深入探讨了以家庭为单位农业转移人口市民化行为的理论模型分析。关于农业剩余人口市民化或农村人口向城镇迁移的经济社会现象，在国内外都有很多经典或新兴的理论进行了阐述和解释。如发展经济学中的传统劳动力流动理论，刘易斯 – 拉尼斯 – 费景汉（Lewis-Ranise-Fei）理论模型、桥根森（Jorgenson）二元经济理论模型、托达罗（Todaro）人口乡城迁移理论，以及由斯塔克（Stark）提出并命名的新劳动力迁移理论（The New Economics of Labor Migration Theory）、李（Lee）提出的"推 – 拉"理论及机制设计理论等；国内的基于中国城乡制度限制发展出的城乡一体化理论、城市正规部门和非正规部门就业理论、新型城镇化理论等。本书在现有理论的基础上，立足斯亚斯塔德（Sjaastad）的成本 – 收益理论和明塞尔（Mincer）的家庭联合迁移理论对农业转移人口市民化的影响因素进行分析，并结合新型城镇化的要旨，探讨了以家庭为单位的农业转移人口市民化的行为过程。这既是对经典人口迁移理论宏观、微观影响因素的验证，也从博弈分析的角度对农业转移家庭市民化行为理论做了延伸和丰富，具有一定的理论意义。

第二，探讨了新型城镇化进程中，农业转移人口市民化的成本构成指标体系及市民化成本的测算方法，并在此基础上尝试建立多元化主体参与的农业转移人口市民化成本分担机制。

我国农业转移人口市民化过程中由于受历史的或现行的土地制度、户籍制度、城乡社保制度等制度因素，及城乡居民实际收入差距、住房、随迁子女教育等非制度因素的影响，造成农业转移人口市民化成本高昂。从社会和个体发展的角度，农业转移人口市民化成本包括社会发展成本和私人发展成本两个部分，具体包括城市管理成本、基础设施建设成本、随迁子女教育成本、保障住房成本，政府负担的社会保障与就业成本、农业转移人口城市生活成本，个人承担的城镇社会保障成本、放弃土地经营的机会成本，企业承担的就业培训成本及为农业转移人口缴纳的社会保障成本等。在农业转移人口市民化成本分担方面，本书提出了私人发展成本着重培育农业转移人口的城市经济适应能力，比如提高农业转移人口家庭收入、创造更多城镇就业机会和增加农业转移家庭土地等财产性收益；在农业转移人口市民化社会发展成本分担方面，本书提出了中长期成本分担机制的"三步式"改革步骤和短期成本分担的"四途径"。以上对农业转移人口市民化成本的分析及分担机制的理论探讨，既是对机制设计理论的应用，也是对其在成本分担机制方面理论研究的发展。

1.2.3　研究的现实意义

当前，我国正处于新型城镇化有序推进的关键时期，面对"三个 1 亿人"

中期城镇化发展目标，面对农业转移人口市民化的巨大成本带来的压力，亟须构建适合新型城镇化发展要求的市民化成本分担机制，有序推动农业转移人口跨越成本障碍，顺利实现市民化。具体地

第一，构建有效可行的农业转移人口市民化成本分担机制，是化解长期城乡二元结构造成"成本积淀"的核心任务。

长期以来，我国城乡人口分治，户籍制度不但限制了农业人口向城镇转移的自由和动力，而且积淀了太多城乡公共服务不均等的"差异成本"，甚至造成土地城镇化快于人口城镇化的粗放型城镇化现象，造成国土资源浪费及城乡收入差距扩大等不良影响。通过构建有效的市民化成本分担机制，可以缓解市民化过程中存在的成本障碍，促进城乡一体化发展。

第二，构建有效可行的农业转移人口市民化成本分担机制，是解决当前市民化过程中面临巨额成本问题的重要途径。

农业转移人口市民化成本分担机制对促进农业转移人口有序市民化、缓解地方政府财政支出压力和解决"空城""鬼城"等土地城镇化超前等城镇发展问题具有重要的意义。同时，农业人口向城镇的转移，有助于整合农村土地，实现规模化经营，同时增加农业人口的生产性收入、经营性收入和工资性收入，缩小城乡收入差距。

第三，构建有效可行的农业转移人口市民化成本分担机制，是构建社会主义和谐社会的客观而紧迫的要求。

在坚持公平和效率原则的基础上建立农业转移人口市民化成本分担机制，既可逐步化解市民化过程中农民工等农业转移群体受到的同城不同权、同工不同酬等不平等待遇，也可缓解城乡公共服务不均等的现实困境。有效分担市民化过程的成本，能够促进有意愿进城的农业转移人口成为市民，缓和社会矛盾，促进社会和谐。

因此，构建中国特色农业转移人口市民化成本分担机制，是实现各级政府财政负担可持续性的需要，也有助于谋划农业转移人口市民化的公共政策体系，对实现农业转移人口彻底的市民化、推进新型城镇化建设、巩固工农城乡关系、促进经济社会发展稳定具有重要的现实意义。

1.3　研究的方法

1.3.1　规范分析与实证分析

科学的研究方法既是正确开展研究工作的重要指南，又是准确解释客观规律的重要保证。规范分析法（Normative Analysis）是 20 世纪 60 年代后期美国管理心理学家皮尔尼克（S. Pilnick）提出的一种分析方法，涉及对已有的事物现象及其运行状态从主观价值的角度，做出孰是孰非的判断，而做出该种判断的目的在于回答"事物的本质应该是什么"。因此，在研究我国农业转移人口市民化现状、农业转移人口市民化成本产生原因、农业转移人口市民化成本分担机制构建原则及构建思路时，本书采用了严密的规范分析方法，目的在于通过深入剖析事实，合理解释现象，揭示其中规律，并提出有效可行的政策建议。

实证分析法（Positive Analysis）是指超越一切价值判断，从某个可以证实的前提出发，回答"是什么"的问题。实证就是从经验数据出发，对客观现象做出本源是什么的还原，整个分析过程遵循客观原则，得出的结论具有可验证的特征。本书在分析的细节部分，利用各种统计数据进行了实证分析，如分析农业转移人口市民化阶段性特征中采用的统计分析、农业转移人口市民化成本的测算部分等，都应用了实证分析方法。

1.3.2　边际分析与均衡分析

边际分析（Marginal Analysis）即边际分析方法，边际值是因变量变化与自变量变化的比值，通俗地讲就是自变量变化一个单位时因变量的改变量。本书在测算农业转移人口市民化成本时，采用了边际分析的方法，测算增加一单位农业转移人口，对农业转移人口市民化总成本的影响，而非采用以往学者使用的累积方法进行测算。

均衡分析（Equilibrium Analysis）由英国经济学家马歇尔（Alfred Marshall）从物理学中引入均衡概念的基础上发展而成，主要指经济活动中各对立的、变动着的变量处于一种相对静止不变的状态，细分为局部均衡和一般均衡分析方法。本书在使用演化博弈理论和完全信息博弈理论时，采用了局部均衡分析方法，探讨了政府和农业转移人口在市民化成本分担方面的策略均衡。

1.3.3 宏观分析与微观分析

本书立足国内农业人口转移的基本情况，从宏观和微观多个角度解释农业转移人口市民化成本形成的制度性因素和非制度性因素，市民化成本包含的微观变量和宏观变量以及促进市民化成本顺利分担的微观思路和宏观路径。例如，在分析农业转移人口市民化决策时，采取了以家庭为单位的微观分析视角。

1.3.4 博弈论分析法

在分析农业转移人口市民化成本分担博弈过程中，首先使用了演进式博弈的分析方法，利用马尔萨斯动力学系统探讨了政府和农业转移人口家庭在市民化成本分担博弈中的局部均衡及演化均衡策略的实现。然后，扩张到包含中央政府、地方政府和农业转移人口在内的三方博弈主体，在成本收益基础上，基于完全信息的静态博弈分析，得到了中央政府、地方政府和农业转移人口三方博弈均衡。

1.4 基本结构与主要内容

本书紧紧围绕"新型城镇化过程中农业转移人口市民化成本分担机制"这一研究主题，在结构上采用"层进式"，研究思路逐步展开，具体如图 1-1 所示。

图 1-1 左列部分是在一般研究思路基础上展示的本书的研究逻辑；中列是本书对应的具体章节；右列是围绕本书主题——新型城镇化进程中农业转移人口市民化成本分担机制——列示的研究思路。前三章是本书展开研究的前提及理论基础，随后通过对我国农业转移人口市民化历程的回顾和现状分析，为市民化成本产生奠定历史和现实基础；在第 5 章分析了农业转移人口市民化成本到底是什么的问题；接着应用模型分析了在市民化成本存在的情况下，农业转移人口市民化行为有什么不同；由于市民化成本对农业转移人口市民化行为产生负面影响，因此需要对农业转移人口市民化成本进行分担，

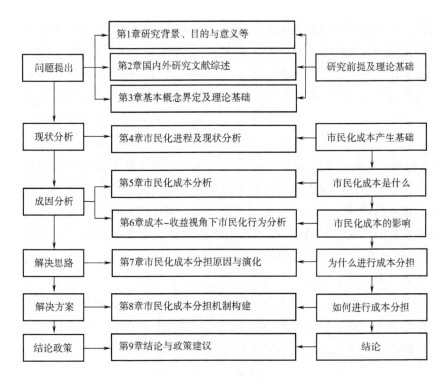

图1-1 本书研究的基本结构与主要内容

即市民化成本分担的原因分析；既然需要进行成本分担，就要构建市民化成本分担的机制，即第8章的内容；最后是全书研究的主要结论的总结。具体的各章节内容，如下所述：

第1章是绪论，是本书研究的导入部分，主要介绍了本书问题的提出、研究目的和意义，本书所采用的研究方法及基本结构与主要内容等。除此之外，还对本书可能的主要创新点及不足做了总结。本部分内容具有提纲挈领的作用，对全书研究范围做了界定。

第2章是国内外研究文献梳理部分，从国内和国外两个角度，详细梳理了关于农业转移人口市民化行为、农业转移人口市民化成本、农业转移人口市民化成本测算及分担等多个方面的研究现状。

第3章是理论基础部分。该部分围绕本书涉及的名词概念，分析过程中使用到的经济理论进行了阐释，并提出了本书研究的前提假定。重要的概念包括农业转移人口市民化成本、农业转移人口市民化成本分担及分担机制；重点理论介绍包括农业人口转移理论、明塞尔家庭联合迁移理论、成本-收益理论、演化博弈理论和机制设计理论等。本部分为全书其他章节的研究提供了理论基础和实际问题分析的方法论指导。

第4章是我国农业转移人口市民化的历史进程、阶段性特征及现状的分析。具体地，在我国农业转移人口市民化的历史回顾上，以改革开放为时间节点，研究了改革开放前后农业转移人口市民化的历史表现及更短期的波动情况，然后通过演绎归纳总结出了农业转移人口市民化的阶段性特征：由"物"的城镇化向"人"的城镇化转变；市民化方式从主动单一型向主被动复合型转变；农业转移人口市民化的进程深受城镇化政策的影响等。在我国农业转移人口市民化现状及存在的问题方面，提出了不同于西方农业人口自主转移特征的"两步转移"，即农业人口经历了"农民→农民工→市民"和"农民→征地农民→市民"的转移过程，并分析了造成农业转移人口市民化过程"两步转移"的根源。

第5章切入到农业转移人口市民化成本产生原因、基本特征、构成及测算方面的研究。我国长期存在的城乡二元户籍制度、农地产权制度、城乡社会保障制度及城镇就业制度等制度因素及经济发展权、政治发展权等的非制度性因素，是农业转移人口市民化成本产生的重要原因。在借鉴其他学者研究的基础上，基于经济社会发展的角度，提出了农业转移人口市民化成本由私人发展成本和社会发展成本二者构成，且市民化成本具有分担主体多元性、可分担性、外部性、动态积累性、测算可行性等重要特征。并在本章最后以浙江省为例，进行了农业转移人口市民化成本的测算。本章的分析和研究具有承上启下的作用，为市民化成本分担机制的构建奠定了认知基础。

第6章基于成本－收益的视角，结合我国农业转移人口市民化的现状，分析了农业转移人口市民化的行为影响。首先，分析了农业转移人口非家庭市民化存在的困境及造成的经济社会消极影响。然后，从成本与收益的角度，利用包含土地收益在内的明塞尔家庭联合迁移模型分析了农业转移人口家庭市民化行为，以及影响家庭整体转移的宏观、微观因素。

第7章为关于农业转移人口市民化成本分担的原因及市民化成本分担机制演化的分析。在农业转移人口市民化成本分担的原因方面，从多角度进行了分析，包括成本－收益角度、公共服务均等化角度、市民化社会发展成本外部性角度及城乡劳动要素平等交换角度等，系统地对农业转移人口市民化成本分担的原因做出了详尽分析。在农业转移人口市民化成本分担机制的博弈方面，首先采用演化博弈分析方法，研究了农业转移人口与政府在市民化成本分担方面的局部均衡和动态的演化稳定策略均衡的实现过程；在加入土地增值收益后，构建了完全信息下多元博弈分析模型，即农业转移人口、地方政府和中央政府在成本－收益视角下所获得的静态博弈均衡。

第 8 章是关于农业转移人口市民化成本分担机制的构建研究。本章主要从农业转移人口市民化成本分担机制的构建原则、成本分担机制实现的制度保障、私人发展成本的破解途径和社会发展成本分担机制的构建四个方面展开，主要解决的是农业转移人口市民化成本分担机制如何构建的问题。

第 9 章作为本书研究结论的总结和政策建议部分，对书中所做的研究成果进行了总结，并提出了实现农业转移人口市民化成本分担的具体建议，旨在促进农业人口或家庭向城镇有序转移，推动新型城镇化顺利实施。

以上是本书研究的基本结构与主要内容安排。

第 2 章

国内外文献综述

围绕农业转移人口市民化成本分担机制的国内外研究情况，本书对最近年度的相关文献梳理主要从以下几个方面展开：第一，国外农业转移人口的市民化，更多表现为城市化的一个自然过程，它是工业化和市场化相互作用的必然产物，相对于国内的研究，本书主要集中在两个方面，即对农业转移人口市民化过程中迁移行为、影响因素及移民的国民化过程中社会成本与收益的分析；第二，国内的研究主要涉及农业转移人口市民化的必要性研究、农业转移人口市民化成本障碍研究、市民化成本的概念界定及具体内容、农业转移人口市民化成本产生原因、农业转移人口市民化成本分担机制研究及市民化过程中成本分担的公共政策选择等。

2.1　国外文献综述

　　从目前检索到的资料看，国外学者关于农业转移人口市民化及其成本分担方面的研究文献较少，特别是近期研究更是少之又少。这一方面可能是因为西方在自由市场主导下，农业转移人口作为重要的经济资源之一，劳动资源的流动是自由和自主的，并没有所谓的成本分担问题，而是所有成本内生于城镇化和工业化的过程之中。另一方面，西方发达国家早已实现了较高的城镇化水平，农业转移人口的流动已经处于相对稳定的状态，对人口流动的研究也定格在了发展中国家，但我国在各种制度上具体情况又不同于其他发展中国家。因此，国外在围绕农业转移人口市民化及其成本分担机制方面的研究较少，典型的有以下文献。

2.1.1　农业转移人口市民化影响因素研究

　　关于农业转移人口市民化行为的影响因素方面的研究主要有：

　　卢卡斯（2004）从人力资本积累角度考察了影响农业转移人口市民化行为的因素。他认为农业转移人口向城镇转移不仅受到自身技能水平和技能积累能力的影响，而且还受到所迁入城市技术总水平的影响。迁移者所在的城市的技能水平越高，他们技能积累的速度就越快，人力资本获得的报酬也就越高，则农业转移人口市民化的意愿就越强烈，市民化就越彻底。

　　李（Chul – In Lee，2008）创造性地将"城市和农村浮动工资制度"和"工人自由流动，自由进入企业"双重假设引入到哈里斯－托达罗模型中，进而发展出了一个动态一般均衡模型。该模型不仅可以解释部分迁移一般均衡，同时对发展中国家农村人口自发向城市迁移、城市工资和失业并存的城市现象做出了诠释。城乡劳动力流动受到城乡人均收入比的作用，加大对农业的投入可以减少农村向城市的劳动力流动。

达斯特曼（Dustmann，1997）对临时迁移者和永久迁移者问题进行了研究。研究结果表明，预计未来经济状况恶化的移民更愿意回家；如果预期迁入地和家乡经济条件会有差距，两类移民劳工市场行为会有所不同，那些预计短期内迁入地相对迁出地会变好的人，更乐于参与城市建设。

托达罗（Todaro，1969）根据预期收入最大化目标，通过引入就业概率因素，建立了城乡劳动力迁移模型。该模型在分析过程中详细阐释了农业转移人口为什么不顾城市失业的存在，而不断向城市迁移，即回答了农民为什么在城市存在高失业率的情况下还会做出移民的选择。

20 世纪 60 年代末期，唐纳德·博格（Bogue，1969）、雷文斯坦（E. G. Ravensetin，1965）提出了人口推拉理论，从拉力和推力两个方向对影响人口迁移的各种宏观、微观因素进行了分析，最重要的是该理论侧重于人口迁移动因的研究。他们认为人口迁移是"推力"和"拉力"两种力量相互作用的结果：推力倾向于对人口迁移产生影响的负面因素，如农村恶劣的生产环境等；拉力则是吸引人口迁移的正面因素，如城镇较高的工资水平、更好的生活环境。

2.1.2 农业转移人口以家庭为单位市民化迁移决策研究

国外关于农业家庭整体迁移决策的研究，以模型研究的文献最多，下面从家庭微观个体和家庭整体两个角度具体梳理如下：

首先，家庭微观个体决策层面的研究成果。这里所描述的微观个体，其实是以家庭成员中某个人为决策主体采取的城镇迁移举措。代表性的研究来自托达罗和斯亚斯塔德，他们将农村剩余劳动力个体作为研究对象，认为其迁移行为和迁移决策，以个人成本收益为主要分析内容，并不涉及家庭中非劳动力的城镇化迁移。这类研究实质上是基于家庭的"链式迁移"或分散式家庭迁移。在现实生活中，既适用于未婚劳动力，也适用于已婚家庭的单独个体迁移，具体的过程是由家庭中的部分成员带领完成的。比如，家庭中具有较强劳动能力的丈夫或成年儿子，先迁入城市就业，如果在城市就业稳定，收益较高，再带动家庭其他成员进入城市，实现家庭全体成员的永久城镇化；但也有可能就业失败，不能在城市获得稳定工作和较高收益，达不到带动家庭城镇化的能力，则出现重返农村的暂时性转移。

斯亚斯塔德（1962）在舒尔茨理论的基础上，建立了个人迁移决策模型，假定参与个体迁移决策的个人符合下式：

$$\sum_{i=1}^{n} \frac{Y_{ai} - Y_{bi}}{(1 + r)^i} - T > 0 \qquad (2-1)$$

式 2-1 中，Y_{ai} 代表迁移者在迁入地第 i 年获得的收益；Y_{bi} 表示在迁出地第 i 年的收益；n 代表迁移者在迁入地与迁出地之间预期获利的总年数；r 代表收益贴现利率；T 代表迁移过程中发生的所有货币性和非货币性成本总和。

斯亚斯塔德将个人迁移决策的执行基于预期收入与迁移总成本之差，来决定是否迁移，当这部分差值大于零时，则执行迁移决策；否则留在农村，不向迁入地迁移。

托达罗（1969）假定城市工资是逐渐上升的，且城镇存在大量就业机会；参与城镇化决策的个人是理性的，并基于城乡预期收入差做出决策。只要城市就业的预期收入现值大于农村，则个人就会选择迁移，并且劳动力迁移的规模是城乡预期收入差净贴现值的增函数。具体模型由以下公式表达：

$$M(t) = f[d(t)]，f' > 0 \qquad (2-2)$$

$$d(t) = w(t)\pi(t) - r(t) \qquad (2-3)$$

$$V(0) = \sum_{0}^{n} [P(t)Y_c(t) - Y_r(t)] (1 + r)^n - C(0) \qquad (2-4)$$

$$P(t) = \pi(1) + \sum_{i=1}^{n} \pi(t) \prod_{j=1}^{i-1} [1 - \pi(j)] \qquad (2-5)$$

$$M = f[V(0)]，f' > 0 \qquad (2-6)$$

式 2-2 表示随时间 t 的变化乡城劳动力转移的规模，$d(t)$ 表示城乡预期收入的差距，且与劳动力转移规模一阶导数大于 0，表示农村剩余劳动力向城镇转移的规模与城乡收入差距正相关。式 2-3 表示在城镇实际收入与乡村务农实际收入支出，$\pi(t)$ 代表城市就业概率。托达罗认为城镇就业的概率与现代部门创造就业机会的能力正相关，且与城镇失业率成反比。式 2-4 表示迁移者在 n 年迁移期内，预期城乡收入差异的净贴现值。$P(t)$ 代表一个迁移者在城市现代部门中找到工作的就业概率，它是一个累积概率，且与进城找工作的时间成正比，即进入城镇时间越长，能够找到高收入工作的概率就越大。式2－6推导出了农村劳动力向城镇转移规模的决定因素，即城乡收入差距净贴现值的增函数。当 $V(0) > 0$ 时，迁移者将倾向于在城镇寻求工作，并安定下来；当 $V(0) < 0$ 时，农村剩余劳动力就会滞留在农村，或者从城镇现代部门回流到农村传统农业部门，放弃乡村迁移决策。从上面看，斯亚斯塔德和托达罗对农业转移人口迁移的研究，以成本与收益为研究角度，所不同的只是对成本与收益具体定义和包含范围的界定。

其次，整体家庭层面的研究成果。刘易斯模型是将整个农业家庭作为人口迁移的单位，并从宏观的视角研究了影响农业转移人口市民化的因素，其隐含的内在假定实质是家庭迁移会在瞬间实现，并且是家庭成员同步实现市民化。20世纪60年代形成的新家庭经济学，基于劳动供给的视角，分析了农业家庭转移的决策行为。新家庭经济学假定家庭成员之间具有单一且稳定的家庭效用函数，进行家庭迁移决策的目标在于通过劳动供给的重新配置，实现家庭效用函数的最大化。

明塞尔（Mincer, 1978）[1] 建立了家庭联合模型，用来分析家庭迁移的共同决策行为：共同迁移或共同不迁移。该模型基于个人决策模型，假定家庭成员的个人效用可以通过叠加而组成一个总和的效用水平，且受到同一个预算水平的约束。预算约束水平以家庭每个成员的总收益与家庭迁移的总成本之差得到，即：

$$M_f = R_f - C_f \qquad\qquad (2-7)$$

且，$M_f = \sum M_i$，$R_f = \sum R_i$，$C_f = \sum C_i$ 分别表示来自各个家庭成员迁移的净所得总和、迁移收益总和和迁移成本总和。明塞尔的研究结论认为，单薪家庭比双薪家庭、未婚者比已婚者、家庭成员少的比多的、家庭中女性没有工作者比有工作者、家庭主要收入来自高学历丈夫比低学历者等更容易迁移。

综上所述，关于影响农业人口转移家庭决策的研究，一直是人口迁移理论研究和经验分析的重要方面。古典的人口迁移理论，认为农业家庭迁移或转移决策是理性个体为实现预期收入的最大化而做出自主抉择的结果，因此，迁移者的个体特征在影响迁移决策中具有重要作用。新人口迁移理论则更强

---

① 具体的模型描述见：林燕. 二元结构下的劳动力非家庭化转移研究 [D]. 杭州：浙江大学，2009：108－109.

调家庭作为决策主体的重要性。一个家庭是否做出迁移决策，取决于以家庭为单位的预期收入最大化和风险最小化。

2.1.3　农业转移人口市民化的成本收益研究

国外学者关于农业转移人口市民化的成本收益的研究，主要关注点在于人口迁移之后对迁入地（或国家）带来的社会福利的影响，即迁入地政府为满足新增迁入人员的社会保障需求和采取福利措施所增加的成本与收益的比较。此处的研究对象，更多表现为对移民的研究，并不局限于农业人口的转移现象。

Ruth & Maharouf（2011）通过对比政府福利成本投入在移民群体之间的影响，得出福利成本效果存在分层异质性：刚刚移民到本国的人口将对福利成本投入产生积极的正面影响，长期居住本地的国民则不以为然，甚至有抵触情绪。这部分移民认为新增福利投入实质是个人税收的再分配，提高了纳税人的税收负担。

Oyelere & Oyolola（2011）以美国为例，研究了移民群体对政府提供公共成本服务的异质性评价，认为由于移民出生地和生活经济的不同，在政府提供公共物品的支出方面，产生不同的评价结论。

Joppke（2010）从社会成本效益的角度，分析了非西方移民对荷兰公共部门净收益的影响，认为非西方移民在 25 岁之前移入荷兰，对公共部门的净贡献是负的；如果非西方移民在 25 岁以后来到荷兰，他们对公共部门的净贡献往往是积极的。

Hansen & Lofstrom（2008）利用1990—1996 年的大规模面板数据，从社会福利水平变化的角度，研究了瑞典本国人与移民之间的福利差异。研究结论表明，移民所享受到的福利水平在五年内低于瑞典当地国民的平均水平，但有充分的证据表明五年后两者的平均福利水平将趋于一致。在移民与本国国民福利水平趋于一致的过程中，移民所承担的福利成本及生活成本将逐步降低。

Ferber（2008）研究表明，虽然移民可能造成失业率上升，但是控制了年龄变量后，移民不太需要社会的失业救济，不会增加迁入国的福利成本，而且第一代的福利投入仍高于第二代移民，处在较高的水平上。

Versantvoortet（2006）研究认为，劳动人口的跨国迁移对迁入国而言具有的收益是提供了更充沛的劳动或人力资源；成本方面则表现为可能造成失业率上升、种族冲突及治安扰乱等经济社会治理成本。

Hiroki Kondo（2004）通过将经济地理模型与内生增长模型相结合，研究自上而下和自下而上的城市化类型对经济增长的不同影响。结果表明，对两种城市化类型同时产生较大影响的因素是人口转移成本，人口转移成本的大小对经济聚集和经济增长影响较大。

2.2　国内文献综述

国内关于农业转移人口市民化及市民化成本分担机制的研究，由于不同时期对农业转移人口的称谓不同，学者在研究对象的命名上存在不一致，但对象本身却是基本一致的。其中，最为广泛的称谓是"农民工"，多见于2013年之前的研究文献。党的十八大以后，党和国家重要会议上"农业转移人口"概念逐渐多见，并在近两年研究文献中频繁出现。前后概念称谓的不一致，给笔者在文献梳理方面带来了一些困难，不能统一表述。但从本质上讲，无论是"农民工"还是"农业转移人口"都是对特定群体市民化同一过程的相似研究，后者可能仅仅是在概念上比前者更宽泛一些而已。

2.2.1　农业转移人口市民化的必要性

"农民工市民化"命题的提出，一方面是基于农业转移人口进城务工现实生存状况及其对城乡统筹协调发展的不利影响，另一方面也是提醒整个社会和政府部门更多地从关注和保障农民工生存权和发展权的角度，考虑农业剩余劳动力的转移问题。邹伟、郭贯成、吴群（2007）认为农业转移人口的市民化是否彻底，具有截然相反的外部性：如果农业转移人口没能彻底市民化，一方面可能会在农村产生土地抛荒、撂荒现象，造成农用耕地资源浪费、农业生态环境破坏，另一方面人口在城镇大规模流入和流出，给城市居民带来一定的安全感缺乏等负的外部性影响；如果市民化彻底，将有利于土地规模经营，提高农民收入，并对城镇第二、第三产业有良好的促进作用，具有正外部性。

周小刚、陈东有（2009）认为实现市民化是农民工个体自由选择的权利，而且这种权益诉求，随着新生代农民工群体的出现变得越来越迫切，而市民化的实现也是政府应尽的公平、公正提供公共产品和公共服务的职责。

国务院发展研究中心（2010）认为，户籍制度的存在，限制了农业转移人口的充分流动，降低了农村剩余劳动力的利用效率，使得城镇化对经济增长的促进作用大打折扣。促进农业转移人口的市民化，能够缩小城乡居民收入差距，扩大城镇规模和促进人力资本积累，并推动我国城乡经济实现高水平的均衡增长。

高拓、王玲杰（2013）认为当前促进农业转移人口市民化是加快现代化进程的必然要求、转变经济发展方式的现实路径、全面建成小康社会的目标要求、破解"三农"问题的必然选择，同时对探索中国特色新型城镇化道路具有重要的意义。

刘洪银（2013）认为"虚城市化"现象或引起农民工返乡潮多见，并徒增城镇化的不稳定和不可持续。因此，农民工市民化是我国城市化发展的必然要求，也是实现"十二五"城镇化目标的关键。

2.2.2　农业转移人口以家庭为单位市民化研究

国内从微观角度考察农业家庭人口迁移的研究有：

洪小良（2007）以北京市外来农民工为抽样样本，结合古典人口迁移理论和新人口迁移理论，研究了影响农民工家庭迁移行为的个体和总体因素，结论认为：进入 21 世纪，农民工家庭式迁移发生的概率总体上呈现出逐年上升趋势，且在个体特征方面，女性、已婚者、年龄较大者、受教育程度较低者和迁入时间较短者，带动家庭人口迁移的可能性更大；在家庭总体特征上，家庭劳动力人口越多、迁入地收入越高、移民汇款越少引起家庭迁移的可能性越大，家庭人均耕地面积和迁入地亲属网络则在影响家庭迁移方面不显著。

朱杰（2010）利用长三角省级调查数据，研究了农业转移人口在跨省转移中的影响因素，认为农业家庭迁移决策的实施受到地区经济发展水平、城市落户制度限制、家庭成员受教育水平、家庭收入水平、乡村生活环境及空间可达性等"推拉"因素的影响；总体看，对家庭迁移决策的影响，"推力"因素的作用大于"拉力"因素。

黄锟（2011）利用 Logistic 回归模型和入户调查数据得出结论：虽然农民工具有较为强烈的市民化愿望，但来自个人受教育程度、工作经历、参与迁入地社保意愿及城镇户籍管理和就业行业选择的限制，市民化的能力受到很大制约。蔡昉在 1997 年利用家庭联合迁移模型对家庭迁移过程中家庭成员担任的角色进行了研究，得出"女性多为追随者，男性为主导者"的结论。

辜胜阻、李睿、曹誉波（2014）从户籍制度改革的角度，分析了影响农户家庭整体市民化的制度性因素，对我国人口迁移机制存在的问题进行了剖析，探讨了破解中国二元户籍制度限制的经验。

徐爱东、吴国峰（2015）从成本－收益理论出发，对影响农业转移人口市民化的就业创业收入、社会网络状况、文化程度、城乡住房建房成本、城市生活成本及农业生产成本等多方面因素进行了实证分析，验证了中国农村人口转户存在"流而不转"的现象。

2.2.3 农业转移人口市民化成本困境研究

国内关于农业转移人口市民化成本困境的研究，从农业转移人口参与市民化行为出发，通过各种成本测算方法，得出结论：现阶段农业转移人口市民化的成本高昂，造成我国农业转移人口市民化进程缓慢。

张国胜（2009）从年龄分布上把农民工分为第一代农民工和第二代农民工，并从地域上区别为东部地区和内陆地区，对农民工比较集中的43座城市展开研究，私人生活成本用农民工在城市生活的用电成本与用水成本之和（各赋50%权重），再乘以2003年全国城镇居民的平均消费性支出（不含住房支出），之后减掉农民工在城镇的实际消费支出得到；智力成本则使用城乡居民平均受教育年限之差，再乘以城镇居民年均教育成本得到；农民工市民化的社会保障成本使用农民工工作年限乘以城镇年平均保险支出得到；住房成本使用城市居民人均住房面积与单位面积住宅投资额之积得到；公共发展成本简化为人均城市基础设施建设投资。通过以上测算方法，得出东部沿海第一代农民工市民化的总成本人均97 792元、东部沿海第二代农民工市民化总成本人均86 319元，内陆地区第一代农民工市民化总成本人均57 137元、内陆地区第二代农民工市民化总成本人均49 721元；相比农民工年度人均收入而言，参与市民化的成本仍然较高。

周小刚、陈东有（2009）以江西省为例，以人均概念，建立包含固定资产投入、养老保险支出、医疗保险支出、失业保险支出、随迁子女义务教育支出和公共管理成本在内的六个指标，测算出农业转移人口市民化增加一单位社会总成本为3.6万元，按照2008年123.64万农民工和30.91万随迁子女计算，农业转移人口市民化的社会总成本为439.97亿元。在私人成本方面，人均总成本为 19.47 万元，其中人均养老保险年度支出为 100 元、消费成本为 5 693.8 元、机会成本为 3 911.32 元、住房成本为 18.5 万元。

表 2-1　农民工市民化社会成本测算结果　　　　（元/人）

类型	私人生活成本	智力成本	社会保障成本	住房成本	公共发展成本	总成本
东部沿海第一代农民工市民化	3 297	920	25 633	47 290	20 652	97 792
东部沿海第二代农民工市民化	3 297	260	14 820	47 290	20 652	86 319
内陆地区第一代农民工市民化	1 886	390	14 276	30 802	9 783	57 137
内陆地区第二代农民工市民化	1 886	110	7 140	30 802	9 783	49 721

周晓津（2011）提出了农民工市民化的最低成本——保底成本概念，通过比较农民工市民化年龄与本市居民预期寿命的差距，得出农民工市民化后在城镇生活的总年限，然后乘以城镇居民人均年度消费支出总额，得到市民化的保底成本，得出从 2006 年起成为广州市市民的终身成本为562 431元。

申兵（2012）采用分类计算然后汇总的方法，以"十二五"期间宁波市政府和企业为农民工提供的与当前城镇居民标准相同的各项服务的支出为例，计算了所有公共服务的人均支出水平。涉及的公共服务领域有随迁子女义务教育、公共卫生和计划生育、就业扶持、权益维护、社会保障和住房条件改善。从政府或企业提供公共服务的具体角度，农民工子女的教育支出生均为 47 531 元，按 474 万的农民工及家属规模计算，人均需要 2 953.7 元，全市"十二五"时期年均教育投入为 28 亿元；公共卫生和计划生育服务支出年均 8.7 亿元，"十二五"时期共支出 43.6 亿元，平均每个外来人口支出为 919.7 元；就业培训与权益维护人均约 1 120 元，五年总计为 53 亿元，年均为 10.6 亿元；"十二五"时期养老保险支出，政府补助总额为 89.1 亿元，全部外来人口人均约 1 879.7 元，年均 17.8 亿元；医疗保险支出人均 414.3 元，年均政府补助 3.9 亿元，"十二五"期间政府总补助支出 14 亿元；最低生活保障人均 277 元，年均补助总额 2.1 亿元，共需补助支出 10.4 亿元；宁波市对纳入廉租房范围的居民提供货币补贴，按照廉租房建设平均成本 2 500 元/m²，户均面积 60m²，一户 2.5 人计算，人均投入为 6 万元，则为改善农民工住房条件，政府每年需投入 56.8 亿~170.6 亿元，全部外来人口五年合计补贴人均为 6 000~18 000 元。由此得出，宁波市"十二五"时期农民工市民化的总成本（五年合计）在 640 亿元到 1 208.8 亿元之间，其中随迁子女教育成本约 140 亿元、公共卫生成本 43.6 亿元、就业扶持与权益维护支出 53 亿元、社会保障支出成本 119 亿元、住房保障投入成本在 284.4 亿元到 853.2 亿元之间。

杜海峰、顾冬冬等（2015）在借鉴经济学和社会学理论与方法基础上，通过构建农民工市民化成本指标体系，对深圳市农民工市民化年均成本进行了测算，结果表明农民工市民化的年化人均实际总成本为 6.314 万元，其中政府承担公共成本年人均实际约 0.83 万元，企业承担 2.05 万元。

李为、伍世代（2015）以福建省农业转移人口市民化为例，对市民化过程中的公共成本部分进行了测算。结果显示，农业转移人口市民化每增加一名，将产生公共成本约 10.7 万元，如果按照到 2020 年实现 470 万农业转移人口市民化计算，将需要约 1.5 万亿元公共成本支出。

来自社会组织或研究机构的测算主要有：

《2002—2003 中国城市发展报告》根据城市化成本－收益模型分析，得出个人支付成本 1.45 万元/人，公共支付成本为 1.05 万元/人，按照 2000 年不变价格计算，农业转移人口市民化每增加一个将增加社会总成本 2.5 万元，如果 50 年内实现 6 亿~7 亿农业转移人口市民化，将产生社会总成本 15 万亿~16 万亿元。

住建部（2006）调研报告认为：每新增一个城市人口需要增加的市政公共设施配套费根据城市规模的不同而有所不同，在小城市大约为 2 万元，中等城市约 3 万元，大城市和特大城市分别为 6 万元、10 万元。而且这些还不包括运行、管理成本。

中国发展研究基金会（2010）报告称：我国当前的农业转移人口市民化呈现出"半城市化"现象，进城的农民工及其家庭没有永久定居的选择，他们在劳动报酬、子女教育、社会保障、住房等方面并不能与城镇居民享有同等待遇。这在很大程度上受制于农业转移人口市民化成本的高昂，如果按照每年解决 2 000 万农民工市民化计算，约需要 2 万亿元资金，农民工市民化的人均成本约为 10 万元。[1]

---

[1] 中国发展基金会：《中国发展报告 2010：促进人的发展的中国新型城市化战略》，http://www.mingong123.com/news/13/201010/9fb249824ee4f73c.html。

国务院发展研究中心"促进城乡统筹发展，加快农民工市民化进程的研究"课题组，在 2010 年对重庆市农民工市民化转型成本进行了详细调研，将农民工市民化转型成本分为随迁子女教育成本、医疗成本、养老保险、民政部门其他保障支出及城市管理费、保障性安居成本，得出重庆市代表性农民工市民化的人均总成本约 8 万元。

综上所述，无论是从农民工市民化角度，还是从农业转移人口市民化角度的研究，都认为在当前阶段市民化的成本相对于农民工或农业转移人口收入情况而言是高昂的，难以由农民工个人或农业转移人口独自承担。这是快速推进我国人口城镇化的重要成本障碍。

2.2.4 农业转移人口市民化成本的内涵及具体内容

目前，学术界无论是对农业转移人口市民化成本还是农民工市民化成本的界定，并没有一个统一的认识。

陈广桂（2004）认为农民市民化的成本包括私人成本和公共成本，并且在市民化过程中，私人成本的影响最大，而公共成本通过税收和财政可以很容易解决。私人成本主要包括生活成本、智力成本、自我保障成本和住房成本，其中，住房成本和生活成本是构成农民市民化成本的主要方面。

张国胜（2009）将市民化成本概括成农民工市民化的社会成本，是指使现有农民工在身份、地位、价值观、社会权利以及生产、生活方式等方面全面向城市市民转换并顺利融入城市社会所必须投入的最低资金量。总体上包括私人发展成本和公共发展成本，其中，私人发展成本由私人生活成本、智力成本、住房成本与社会保障成本组成；公共发展成本由市内基础设施、生态环境与公共管理投资成本构成。

曹宗平（2009）从支付成本的角度，认为农村剩余劳动力转移成本包括经济成本、心理成本和社会成本。其中，经济成本包括农民离开农村可能失去的机会成本和进入城镇可能发生的成本（如就业成本、生活成本和交通成本等）；心理成本包括精神承受之痛，如乡愁、家庭温暖缺失、城市人的鄙夷和歧视等；社会成本包括城市新增公共设施、交通成本、社会保障新增成本等。

许玉明（2011）以重庆市农民工市民化为研究样本，认为农民工市民化的成本至少包括农民工市民化的制度成本和农民工融入城市的转移成本。其中，制度成本包括户籍转移引起的基本养老保险成本、户籍转移引起的住房成本、住房建设土地投入成本和城市建设资金投入；农民工自身转移成本包括农民工家庭从最低消费水平到城市中等消费水平的生活成本和进城后的心理成本。

表2-2显示了部分学者对农业转移人口市民化成本构成的认识。以周小刚（2011）为例，他认为总成本由公共成本和个人成本共同构成，每个方面又由多个子项目构成，如个人成本包括住房成本、放弃耕地的机会成本和城镇生活成本。

表2-2　农民工市民化成本构成

周小刚（2011）市民化成本构成		曹兵等（2012）农民工市民化狭义总成本构成	
成本项目	具体项目	成本项目	具体项目
公共成本	城镇基础设施建设成本	公共发展成本	新增交通系统建设
	城镇公共管理成本		新增城市管理系统建设
	社会保障成本		社会保障成本
	其中：社会养老保险成本		其中：城镇基本养老
	社会医疗保险成本		城镇医疗保险
	失业保险成本		工伤保险
	城乡义务教育差异成本		新增行政执法系统建设
个人成本	个人住房成本	私人发展成本	城市住房成本
	永久放弃耕地机会成本		人均交通
	城镇生活成本		个人消费支出
			个人事务开支
总成本	公共成本 + 个人成本	狭义总成本	公共发展成本 + 私人发展成本

曹兵、郭玉辉（2012）认为农民工市民化成本有广义和狭义两方面涵义。广义的成本包括农民退出农业和农村，进入非农产业和城镇，最后融入城镇成为市民所发生的全部支出；狭义的成本主要指农民工融入城镇成为市民所发生的费用。

胡桂兰、邓朝晖、蒋雪清（2013）认为农民工市民化成本即农民工转化为市民所必须付出代价的总和。具体划分为可以用财务成本衡量的企业成本和社会成本，不涉及无法用货币计量的精神、情感层面的代价。企业成本主要包括对新增农民工就业的工资、奖金、福利、五险一金、教育培训及工会经费等；社会成本则包括政府承担的公共成本、农民工个体承担的成本及组织成本等。特别需要说明的是，胡桂兰等的研究认为农民工市民化的个人成本在理论上为负值，因为这是农民工要成为市民的经济原因（图 2 - 1）。

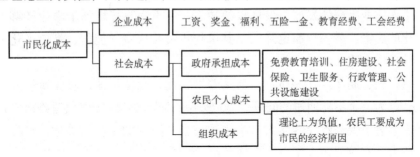

图 2 - 1　农民工市民化成本构成

康涌泉（2014）认为市民化的社会成本是社会变迁过程中的制度成本和转型成本，既包括农民工市民化成本，也包括市民化过程中产生的社会摩擦成本、环境成本和社会治理成本等。

2.2.5　农业转移人口市民化成本产生原因

农业转移人口市民化成本产生原因方面的研究，主要的代表性学者及其观点梳理如下。

申兵（2012）将农民工市民化的成本理解为原本只覆盖本地户籍居民的基本公共服务扩展到农民工并保障其特殊权益，需要额外的投入，即农业转移人口市民化成本产生的根源在于城乡公共服务水平不均等。

国家发改委经济体制与管理研究所课题组（2013）认为在农民工市民化的过程中，尽管这种资金需求大多属于一次性投入，但如果按照成本 - 收益分析，这种资金投入也包括私人成本与公共成本。社会成本根源于农民工劳动的制度性贬值与基本权利缺失，并具有动态累积的特征。

张国胜、陈瑛（2013）认为农业转移人口市民化的社会成本产生于制度性贬值与基本权利缺失。这样的制度缺乏权利保障，主要表现为缺乏发展权。发展权基于持续和全面发展的需要，让个人和集体权利得到发展和分享。农业转移人口进入城市发展，面临着缺乏政治发展权，难以获得经济发展和社会发展带来的平等机会，甚至很难参与与自身利益相关的决策工作，缺乏选举权、监督权，自身利益在政治层面上缺乏代言人，很难通过言论、媒体发表自己的观点。缺乏经济发展权主要表现为对经济发展的机遇和经济成果分享不均、不平等。农业转移人口在劳动市场上待遇不平等，很难在一些城市正规部门就业，限于城镇就业的边缘位置，具有难以逾越的晋升限制，阻碍了其个人职业生涯的发展。发展权的缺失，一方面直接增加了农业转移人口市民化的成本，另一方面也降低了其承担市民化成本的能力，是市民化成本产生的根本原因。

谌新民、周文良（2013）认为随着城镇化进程的加速，农业转移人口市民化已成为一个不能回避的问题，"要地不要人"的传统城市化道路已经走到了尽头。为了促进农业转移人口享受城市公共服务的逐步均等化、提高城市适应能力、有效地融入城市，实现各级政府分担农业转移人口市民化成本的财政可持续性，需要建立具有中国特色的市民化成本分担机制。大多数的农业转移人口的收入不能满足城镇生活消费和住房投资，而且人力资本投资难以在城市积聚，国家、地方政府和企业面临很大的损失，这将严重限制国内需求和经济转型升级。此外，由于农业转移人口难以融入城市、城乡社会贫富差距拉大、农民工合法权益难以得到充分的保障等原因，导致一些农业转移人口心理失衡，犯罪案件和群体性事件时有发生，影响社会和谐、稳定，导致社会管理成本的上升。因为没有合理的成本分担机制，既影响了人力资源的优化配置，也造成了个人、国家和地方政府的福利损失。

傅东平、李强、纪明（2014）认为新型城镇化是解决"三农"问题的根本途径和强大动力。新型城镇化能够进一步提升农业转移人口的资源配置效率，进一步推动产业向城镇集聚，促进产城融合及人口集中。而在促进农业转移人口市民化进程中，农业转移人口的大规模转移将对城市基本公共服务及社会保障产生巨大需求，由此引起的巨额成本将超过 50 万亿。面对如此巨额的成本，需要多元主体共同分担，必须构建政府、企业和农业转移人口"三位一体"的成本分担机制。

章羽（2015）将社会成本产生的原因归结为经济社会制度、城乡文化差异、城镇发展政策及历史性原因等相互作用的结果。

2.2.6 农业转移人口市民化成本分担机制研究

谌新民、周文良（2013）认为要推动合意的市民化成本分担制度的建设，就要从还权赋能方面和合理设计分担机制入手。还权赋能就是将政治、经济、社会发展权逐步赋予农业转移人口，扩大农业转移人口用事权谋财权的能力；

重构财权与事权统一的财政分担体系，推动中央政府、异地城镇化流入地政府和本地城镇化地方政府采用差异化的公共政策，等等。

高拓、王玲杰（2013）认为农民工市民化成本分担机制的构建应坚持注重公平、务实求效，承认差异、分类改革，整体谋划、渐次推进等原则；分担主体上应坚持"一主二层三辅"，即以政府为主，分中央政府和地方政府两个层次，各负其责，企业、个人和社会三方参与成本分担。在市民化成本分担上应建立多元化的"推进机制"：综合协调机制、动态互补机制、监督考核机制等。

苟兴朝（2014）从政府（包括中央政府和地方政府）、企业和农业转移人口个人三方面构建成本分担机制，探讨运转该机制应该处理好的各种关系，并研究所需要的制度创新和改革。

蔡瑞林、陈万明、朱广华（2015）从公共成本是农业转移人口市民化过程的核心议题出发，将市民化公共成本细分为主动市民化和被动市民化过程产生的成本，并从宏观、微观两个角度分别进行分担机制的思考，如土地制度改革、增加农民净收入、建立农地非农化增值收益反哺机制等。

吴国培、吴伟、方晓炜（2015）针对市民化成本分担方面，对政府、企业和农业转移人口三者的分担比例做了界定，占总成本的比重分别为25%、20%和55%。即由农业转移人口承担市民化中的大部分成本；政府负责补齐农民工在城镇享受平等权益、制度改革的成本；企业为农民工提供保险费用及就业培训和保障的费用支出。

2.2.7 农业转移人口市民化成本分担的公共政策选择

在市民化过程中成本分担的公共政策方面，农业转移人口市民化成本分担的政策需要解决城市基本公共服务均等化和培育其城市经济适应能力的问题，这需要从制度创新与政策构建两个方面来努力，具体包括以下五个方面：

第一，进一步完善社会保障制度，化解农业转移人口市民化过程中成本分担的多方面矛盾。杨云彦、秦尊文（2007）提出改革养老制度和土地制度，并将二者有机结合起来，一方面让以地养老的社会保障模式转变为现代化的基金式社会保障模式，另一方面促进农业转移人口土地使用权的收益货币化。刘召勇、张广宇、李德洗（2014）提出需要进一步细分养老方案，对农业转移人口和非转移人口区别对待，实现农业转移人口养老保险在城乡之间的互转，增强养老保险的可携带型。李宏、何春晖（2014）认为针对城镇就业的农民工，要进一步扩大工伤保险范围、大病医疗保障及保障性住房的覆盖范围，从而降低农业转移人口市民化成本，具体的市民化分担主体涉及地方政府、企业、公立医疗机构及人力资源社会保障部门等。

第二，进一步完善技能培训制度，化解农业转移人口就业的摩擦成本。谌新民、袁建海（2012）认为进一步提高农业转移人口的技能素质和改善人力资本水平，既有助于增加农业转移人口在劳动力市场的交易价格，提高转换工作的替换能力，也能促进农业转移人口自身分担市民化成本的经济能力，分享经济发展带来的好处。

第三，创新土地政策。王兆林（2013）认为土地是农业转移人口安身立命的根本，也是农业转移人口市民化的障碍。土地的存在使农业转移人口既不想彻底放弃，又不能利用土地带来促进市民化的财富收益，成为市民化过程中尴尬的症结。因此，需要进一步规范征地制度，对失地农民及其家庭给予充分的补偿，同时积极探索农村土地流转的合理途径，促进农地在二级市场的公平交易，并允许土地使用权进行财产抵押，盘活土地收益，增加农业转移人口市民化的财产性收益，促进城镇化和市民化。同时，唐云峰、温其玉、郭贯成（2015）根据地区经济发展速度和物价水平，提出加大对失地农民的补偿力度，并建立长效补偿机制，使失地农民共享土地改革红利，增强市民化成本分担的经济能力。

第四，推进户籍制度改革。刘传江、程建林（2009）认为户籍制度是市民化成本产生的根本原因，城乡二元分割的户籍制度造成市民化成本不断积淀。通过户籍制度的改革降低农业转移人口市民化的制度性成本，促进农民向市民身份及市民待遇的同步转变，应成为实现市民化成本分担的制度改革的价值取向。

第五，制定落实财政分担政策。中央应加大对地方，尤其是中西部农民工集聚城市的专项转移支付。张华（2012）认为财政分担机制需要中央与地方加强配合，由中央财政划拨一部分专项转移资金，地方政府承担征地补偿及市民化公共服务支出，农民则以放弃农村承包地、宅基地等获得的收益支付一部分，来补偿农民工市民化的成本。市民化成本分担具体比例，中央政府、地方政府和农业转移人口三者的比例最好定为50：30：20。魏后凯、苏红键（2013）则认为中央政府不应当承担较大比例市民化成本，根据一些地方的实践经验，应在中央政府、地方政府和农业转移人口三元分担主体的基础上，引入企业分担市民化成本，并提出政府、企业和社会大体各需承担 1/3 左右。在资本化运作方面，王志艳、魏云海、董文超（2015）认为，应当由中央政府和地方政府财政共同出资，优先设立省（市）级农业转移人口市民化基金，用以分担市民化过程中必要的公共服务支出，提高公共政策效能。此外，林欣（2010）认为独立于政府和农业转移人口之外的第三方金融组织，通过提供特定化的危机救助方案，也是参与成本分担机制的重要途径。徐红芬（2013）认为加强制度创新，激发社会资本参与成本分担的积极性，必须扩大对社会资本的开放领域，实行统一透明的准入制度，扫清社会资本参与的障碍。

2.3 国内外文献述评

国内外文献对农业转移人口市民化行为及影响因素，农业转移人口市民化成本的界定、产生原因以及市民化成本分担机制的实践等做了一些研究，为本书的研究提供了一定的基础，但对市民化成本分担机制及其演化方式等还缺乏深入分析，所提出的政策建议在针对性和可操作性等方面还有待进一步细化，本书将从这些方面努力。综合国内外研究的现状，本书认为存在以下几个进一步研究的空间。

2.3.1 研究对象、细节分化明显

国内关于农业转移人口市民化的研究内容，存在两个方面的缺陷：一是在研究对象上，主要集中在农民工市民化的研究，而罔顾农民群体分化的事实，没有全面研究农业转移人口的市民化，重农民工市民化而轻农业转移人口及其家庭的市民化，不利于当前和谐社会建设和城乡二元结构的消弭。况且，在新型城镇化战略布局下，以人为核心是新型城镇化的重要内涵。以往对农民工市民化的研究，其实是不顾农民工家庭成员的市民化，导致家庭功能的缺失，易引起留守儿童、留守妇女和空巢老人等社会问题，有悖于新型城镇化的价值取向。二是在研究细节上，已有的关于农民工市民化的研究更多地关注农民工市民化的经济社会意义、滞后原因、制度障碍、对策建议等方面，市民化成本及其分担方面的研究相对较少，研究文献数量较少，研究

成果集中在极少数学者身上。

2.3.2 概念界定存在分歧

对农民工市民化成本、农民市民化成本、农村劳动力转移成本、人口城市化成本等概念尚未形成统一认识，不少文献对这些概念的界定和使用处于混乱或交织状态，给读者造成了困惑。如仅仅市民化成本中的私人发展成本，不同的学者就有不同的称谓：私人成本、个人成本、个体成本等；在社会发展成本上有的学者称之为社会成本、公共成本、制度成本等。今后的研究应该在厘清概念的基础上进行。

2.3.3 测算结果不尽相同

从现有研究文献对农业转移人口市民化的成本测量角度来看，不同学者考察的成本范围不尽相同，导致市民化成本的规模有大有小；即使针对同一个成本项目，学者得出的测算数据也有不同。这主要是因为对市民化成本测算的研究尚处于初步探索阶段，还未形成公认度和系统性较强的成本细分体系和推算思路，导致测算的成本范围不一，测算结果大小不一。

2.3.4 农业转移人口市民化成本分担问题亟待关注

农业转移人口市民化过程中的确需要支付大量的社会发展成本及私人发展成本，但如何筹集这些资金以促进农业转移人口市民化进程，筹资渠道和分担费用等方面的研究尚需要进一步加强，特别是应对制度因素造成的农业转移人口市民化成本分担问题，更加值得关注。

2.3.5 农业人口城乡迁徙的侧重点不同

国外关于农业转移人口市民化成本的研究，基于人口在城乡的自由迁徙权利、市民化过程中产生的成本和收益为理性决策依据等前提假设，研究农业人口向城镇迁移的行为及其影响因素，即使针对发展中国家市民化成本的研究，对制度性约束造成的成本也假设为零。由此得到的农业人口向城镇转移的市民化成本不需要多元主体进行分担，其实是一种"错觉"。因为这种"错觉"下的市民化成本，通过农业转移人口向城镇的理性转移已经内部化了，市民化成本内生于城镇化过程，不存在分担问题。然而，国内对农业转移人口市民化成本的研究，是基于城乡二元户籍制度造成的人口流动限制和农地制度约束等展开的，以农民工群体为研究对象，具有浓厚的中国特色。研究内容也多从农民工市民化成本内涵与构成、成本测算与分担、成本产生的原因及对农民工市民化决策行为的影响等方面展开，研究结论也与国外研究有很大不同。

2.4　本章小结

本章主要从国外和国内两个方面，梳理了围绕农业转移人口市民化及成本分担机制的相关研究文献。从国内外研究的现状看，国内的研究相对于国外更加详细和深入，从农业转移人口市民化的意义、市民化成本的内涵及具体内容、市民化成本产生的原因及测算方法、市民化成本分担的公共政策方面，均做了较为全面的研究。国外的近期研究则集中在移民方面的研究，如移民引起的福利成本、移民的影响因素等方面的研究。同时，国内外研究侧重点存在较大的不同。另外，国内不同的学者也有不同的研究结论，如农业转移人口市民化成本测算的结果存在较大差异、在部分概念界定上存在涵义上的不一致。

因此，在认识到现有文献研究成果及不足的基础上，本书展开以下内容的研究和分析，既明确了研究的侧重点，也为本书的研究提供了方法上的借鉴和改善。

第 3 章

基本概念界定及理论基础

3.1 基本概念界定

本书在深入剖析和研究主要问题之前，首先明确以下核心概念之间的主要区别和界定范围，这既可以实现对学者之前研究的总结，也可以为围绕核心概念展开研究奠定认知基础，并在此基础上进一步丰富和完善。

3.1.1 农业转移人口与农业转移人口市民化

自 20 世纪 80 年代初以来，我国工业化和城镇化进入"主升浪"，数以亿计的中国农民开始了"人类最后的大迁徙"[①] 征程。然而，这条道路并不顺畅，对这部分农民，仅仅称谓就历经更迭，从"流动人口"到"农民工"，再到党的十八大文件中正式起用"农业转移人口"，并提出促进农业转移人口市民化，才使得农业转移人口及农业转移人口市民化概念更加明确，也与农民工市民化有了显著区别。从城市化历程来看，农民工是农村劳动力离开农村生活环境，进入城镇从事非农产业，并保持半工半农的兼业状态。囿于城乡分割的户籍制度，他们并没有改变农民身份，更没有彻底融入城市生活。2013 年"两会"和党的十八届三中全会明确提出"有序推进农业转移人口市民化"。在新型城镇化语境下，农业转移人口市民化核心逻辑应该是坚持以人为本，实现农业转移人口家庭的城镇化，而不再出现留守儿童和妇女、空巢老人等"畸形家庭结构"。

因此，本书认为农业转移人口，主要是指由以农业为主要作业对象，出于某种需求（如改善生存环境、增加家庭收入、投靠亲朋好友等）向第二、第三产业转移过程中，处于兼业或彻底放弃农业活动的农村劳动力人口，一定条件下包括随迁子女或需要其赡养的随迁老人。农业转移人口概念中，从人口构成上看，既包括向城镇转移的农村剩余劳动力，也包括跟随转移的非

---

① "人类最后的大迁徙"语出自：道格·桑德斯所著《落脚城市：最后的人类大迁徙与我们的未来》，由陈信宏翻译，上海译文出版社 2012 年出版。其主张，与半个世纪前法国农村社会学家 H. 孟德拉斯在著作《农民的终结》中提出的农村现代化最终将会使农民"终结"，有相似之处。

劳动人口，这在概念内涵上比"农民工"丰富。① 从来源上看，主要分为两类：一是户籍仍然在农村，但在城镇已经有过一定时期的生活、工作经历，现在仍处于这种状态并有成为市民的内在意愿，这部分转移人口占到大部分比重；二是城乡结合部地区，依靠原有的承包地、宅基地生活的农民，由于城市的扩张，这部分地域被征用，生活在其上的农民转变为城镇居民。

表 3 - 1 是部分学者对市民化的界定。

表 3 - 1　部分学者对市民化内涵和标准的界定②

学者姓名及发表年份	市民化内涵和标准
王桂新、沈建法等（2008）	居住条件、经济生活、社会关系、政治参与、心理认同
刘传江、程建林（2009）	生存职业、社会身份、自身素质、意识行为
申兵（2012）	职业和社会身份双重转变，获得市民公共服务
魏后凯、苏红键（2013）	社会身份、政治权利、市民福利、经济生活条件改善、文化素质提高、社会认同

农业转移人口市民化，就是在从事农业生产、农村生活的人口，出于某种需求以家庭为单位向城镇转移，并最终实现城市融入和定居的人口迁徙过程。该概念强调中观层面家庭式的整体迁移模式，而非农民工个体式的城镇转移过程，这不仅适应了当前农业转移人口变化的新趋势，而且保持了迁移人口家庭功能的完整性及真实而具体的人文关怀。进一步地，基于已有的研究和对市民化的认识，本书认为农业转移人口市民化的实现至少须满足以下六项指标：①在二元户籍制度仍然存在的约束下，要满足身份的转变。即由农民身份转换成市民身份，而不是以暂住证、农民工方式留在城市。②职业

---

① 出于表述的一致性和契合国家提出的"新型城镇化"概念，除特殊语境下，本书对各级"城市"与"城镇"不做区分，后文提及的城市化或城镇化均指同一概念。其实，在英文文献中，城镇化与城市化均是 Urbanization，二者实质区别不大。国内文献多将城市化视为符合国际上通常称谓的大中小城市的市民化，而城镇化倾向于小城镇的市民化，并且，城市化多用于学术文献中，城镇化则多见于政府相关文件和政策研究中。而本书研究的重点是市民化——无论农业转移人口在大中小城市还是在小城镇落户，都属于市民化过程，所以二者概念上的细微差别不影响研究过程和结论。

② 王桂新，沈建法，刘建波. 中国城市农民工市民化研究——以上海为例 [J]. 人口与发展，2008（1）：3 - 23.

刘传江，程建林. 双重"户籍墙"对农民工市民化的影响 [J]. 经济学家，2009（10）：66 - 72.

申兵. "十二五"时期农民工市民化成本测算及其分担机制构建——以跨省农民工集中流入地区宁波市为案例 [J]. 城市发展研究，2012（1）：86 - 92.

魏后凯，苏红键. 中国农业转移人口市民化进程研究 [J]. 中国人口科学，2013（5）：21 - 29.

身份的转变。彻底的市民化应该是摆脱农业生产活动，而从事第二、第三产业的非农生产，依靠非农产业的生产活动获得收入来源，满足城市定居的各种支出的需要。③公共服务全覆盖。充分、平等享有城市居民的福利待遇和社会保障权益。④生活条件得到改善。农业转移人口市民化后，应当随着收入水平的提高，生活质量也逐步改善，并能趋近于城镇居民平均生活水平。⑤个人或家庭综合文化素质不断提高。农业转移人口经过城市文化的熏陶、城市现代生活方式的影响，摆脱落后文化的影响，提高自身适应现代化生活的能力。⑥充分融入城市生活，并对城市有归属感。认同城市文化、城市发展规划，并把自己视为城市建设的参与者。

3.1.2　农业转移人口市民化成本

"社会成本"这一概念，最早出现在西蒙·德·西斯蒙第1929年出版的《政治经济学新原理》一书，用政治经济学再生产理论阐释社会成本。新帕尔格拉夫经济学大词典将社会成本定义为："某个人作出一项行动，他本人不一定要承担全部费用或收取全部利益。他承担的部分叫作私人成本，他不承担的部分叫作外在成本，两者的总和构成社会成本。"①

基于以上传统定义及后来学者的进一步阐释，本书将农业转移人口市民化成本界定为农业转移人口市民化过程中，农业转移人口（家庭）为实现城市融入、转变居民身份，所承担的私人发展成本与引起的社会发展成本增加的总和。它首先具有可计量、能测算、可分担的经济成本特征。而城镇化成本在狭义上是指城市建设、管理、运营成本；广义上指推动城镇化进程所付出的代价，包括社会发展成本、环境成本和文化建设成本等。因此，城镇化成本概念更加宽泛，广义上包含农业转移人口市民化成本；农业转移人口市民化成本是城镇化成本的有机构成部分。

3.1.3　农业转移人口市民化成本分担机制

机制是一般化的制度和方法的总和，或称为制度化的方法。方式方法往往只是一种形式或思路，机制通过各种方法或方式起作用。经济机制是一定经济体内，各种构成要素之间相互联系和相互作用的关系及功能。严俊

---

①　格拉夫. 新帕尔格拉夫经济学大辞典：第3卷［M］. 北京：经济科学出版社，1996：421.

（2008）认为经济机制从功能上分为激励机制、制约机制和保障机制。机制的建立，一靠体制，二靠制度。体制是组织职能和岗位责任的调整与配置；制度是规范化、固定的规则。

因此，农业转移人口市民化成本分担机制，就是在机制设计理论的指导下，通过有效的方法、方式形成农业转移人口、中央政府、地方政府、企业及其他社会组织共同参与分担市民化成本的规范化、固定化的规则。

3.1.4　与西方农村劳动力转移概念的异同

无论是从理论整体认识上，还是从概念的历史演变逻辑上看，农业转移人口在中国漫长的历史纵深抑或蓬勃发展的现在，都是一个有别于西方农村劳动力转移的特殊群体。

从成员构成、活动区域空间差异上，西方工业化、现代化过程中城市的产业集聚和经济增长，通过"拉"力吸引农村劳动力向城镇迁移（转移）；而迁出地在基础设施建设、福利水平、生活质量等方面落后于迁入地的客观因素产生"推"力，促使农村人口向条件好的区域转移。Dapeng Hu（2002）认为，这其实是一个群体自然的地域与职业的同步转换的过程，并且这个过程表现出群体稳定性和有序组织化。但是，出于中国特殊的制度约束和经济政治因素的影响，如长期分割的城乡二元户籍制度、农地集体所有制度和城市人口管理方面的限制性措施的实施，农业转移人口多表现为一个动态不稳定的组织。转移规模上并非平稳增长，而是根据迁入地人口限制措施的变化而波动，当迁入地落户限制宽松时，人口转移规模较大，反之则较少，如时常出现的"返乡难"和"民工荒"都是农业转移人口不稳定流动的表现。

从经济发展水平和产业结构调整升级的角度看，西方学者将城乡经济部门划分为两类：以工业为代表的先进部门和以农业为代表的落后部门，全社会公民在农业部门、城市正规部门和城市非正规部门获得就业机会，并根据预期收入水平不断自由选择就业去向。农村劳动力由农业向非农产业的转移，是基于预期城乡收入差距（托达罗）或者农业产出剩余的存在（桥根森）角度的分析，认为农村劳动力迁移是理性经济个体为追求个人主观效用的最大化而做出的个体决策，并努力承担个人决策所带来的收益和成本。农村劳动力迁移的过程是一个自主的过程，同时也是农村劳动力分享社会进步和经济发展成果的重要途径。无论是农村转移劳动力群体还是迁入地的民众抑或国家管理部门，都对这个城镇化进程乐见其成。相比之下，中国农业转移人口在经济上则要承受经济转型的阵痛，这种阵痛来自对城市现代化生活的渴望与难以摆脱农地户籍制度约束的矛盾，来自失地过程中被动市民化的尴尬。[①]

从文化差异上，西方民族外向、开放，有强烈的冒险精神，渴望开拓不曾认知的地域，并尝试改变固化的生活环境或状态。在国家层面多倾向于肯定公民自由迁徙的权利，除了非常时期外，不会对公民的自由流动方向和规模采取限制措施。迁入地民众对迁入者多有包容之心，而非排斥，能够为迁入者快速融入本城市生活带来帮助。在中国，长期农耕文明造成农业转移人口安土重迁，"父母在不远游"，即使离开故土少许时日，也会产生浓浓的"乡愁"和"月是故乡明"的眷恋和伤感。[②] 所以，中国的农业转移人口概念包含了情感因素，在文化上联结了农村与城市两种文明，并承受其中的矛盾冲突，带来情感方面的心理成本。

因此，我国农业转移人口概念与西方农村劳动力转移概念存在基于历史演变和文化差异认识上的不同。相同之处则在于都是来自乡村的农业人口，通过职业转换和地域生活环境转换而参与到城镇化进程中，都得益于工业社会的进步和城市发展带来的产业集聚和人口集中。

3.1.5 农村人口迁移的方式

从目前学者的研究文献中可以看出，对农村人口向城镇迁移方式的划分存在很大不同，这主要是因为划分标准不一致。如根据农业转移人口市民化的主观能动性，分为主动市民化和被动市民化：主动市民化是指农业人口通过自主选择放弃农村土地和户籍，向城市迁移落户；被动市民化主要来自政府征地行为，导致原有土地使用权被收回、宅基地被征用，农业用地转变为建设用地等，不得不离开现有村落和放弃农村户籍，转变为城镇户籍，这多来自地方政府的城镇规划政策的影响。[③]

从农业人口家庭成员迁移规模上，分为部分市民化和家庭市民化，前者

---

① 王小军. 中国转型之痛：赣中南路东村调查 [M]. 济南：山东人民出版社，2009：24.

② 曹宗平. 农村剩余劳动力转移的成本分析及路径选择 [J]. 山东社会科学，2009（4）：74-77.

③ 刘灵辉. 城镇化进程中户籍非农化诱发的征地补偿收益分配冲突研究 [J]. 中国人口、资源与环境，2014（2）：76-81.

指家庭中的部分成员脱离农村户籍或农村常住地，转而生活在城镇，如超过半年常住在城镇的农民工等；后者是整个家庭成员（举家）全部向城镇迁移，成为市民。从普遍现象上看，部分家庭市民化更为普遍，但也产生了很多社会问题，如留守儿童、空巢老人等；后者则能在市民化过程中保持家庭功能的完整性，但需要承担的市民化成本较高。[1]

根据农业人口迁移后在城镇的居住时间，可分为永久性迁移和非永久性迁移。顾名思义，永久性迁移是指农业转移人口流入城镇后，彻底融入城市生活，完全脱离农村的局限，不再有返回农村的迁移计划。后者是指在城镇的迁移只是为了暂时的工资性收入或改善农村家庭的收入结构，在城镇参与非农就业，获取劳动报酬，并没有定居城镇的决策。

本书基于以人为核心的新型城镇化战略为研究背景，重点研究主被动市民化方式下农业转移人口以家庭为单位的市民化过程，通过分析影响农业家庭市民化决策宏观、微观因素及决策过程，探讨中央政府、地方政府和农业转移家庭在市民化成本分担方面的博弈均衡，从而构建有效可行的市民化成本分担机制。

3.2 理论基础

3.2.1 农业转移人口市民化决策行为的基本理论

农业转移人口的市民化问题是西方发展经济学长期关注的重大理论和现实问题。西方发展经济学对农业转移人口市民化的研究，最重要的是对农业剩余劳动力市民化动机（或称为市民化决策行为）的研究。这方面的研究成果见表 3 - 2。表 3 - 2 展示了国外农业转移人口市民化理论研究所属领域、研究视角及其代表性理论与理论特点。从所属领域看，既有经济理论研究、政治学研究，也有社会学研究，说明对于农业转移人口市民化现象或宽泛地称为人口转移现象，受到了广泛关注。研究涵盖了包括个体、家庭、部门、社会关系等在内的几乎所有视角，代表性经典理论层出不穷。然而，结合研究的需要，本书主要阐释新劳动力迁移理论和明塞尔家庭联合迁移理论。

---

[1] 林燕. 二元结构下的劳动力非家庭化转移研究 [D]. 杭州：浙江大学，2009.

表 3 - 2　国外农业转移人口市民化的理论框架

所属领域		研究视角	代表理论	主要理论特点
经济理论研究	宏观理论	部门经济	刘易斯二元经济结构理论、拉 - 费模型、桥根森模型、推 - 拉理论	从宏观变量出发，研究社会结构刚性及经济变革对劳动力迁移的影响
	中观理论	家庭	斯塔克、泰勒等新劳动力迁移经济理论、明塞尔模型	以农业转移家庭为研究对象，分析家庭利益最大化下家庭迁移决策因素及迁移行为特征
	微观理论	个体	托达罗模型、斯亚斯塔德和舒尔茨迁移成本收益理论	以劳动个体为研究对象，研究个体利益最大化下劳动力的迁移行为及决策方式
政治学研究		社会关系	马克思主义劳动迁移理论	资本主义生产方式下，机器大生产及社会分工对劳动力迁移的影响及规律
社会学研究		社会特征	韦伯、帕森斯社会角色、结构主义理论	研究劳动力在社会转型中所表现的角色转变、结构和功能特征

1）新劳动力迁移经济学

20 世纪 80 年代，斯塔克等（Stark & Bloom，1985；Stark & Taylor，1989；Stark & Taylor，1991）提出了新劳动力迁移理论。该理论将农业转移人口的迁移主体从个人扩展到整个家庭，更加强调风险的扩散性。而以家庭为单位做出迁移或留守决定的依据是家庭收入风险的分散化，及保持家庭总体收入的稳定性，连接迁出人口和留守人口的纽带是资金的往来。通过这种契约安排，迁移者与其家庭成员既可以获得各自的利益，又可以使家庭总收益最大化，从而使以家庭个别成员形式出现的这种劳动力迁移行为不断地继续下去。新劳动力迁移理论指出，距离和交通费用等因素对劳动力的循环迁移具有很大影响，但通过循环迁移体现家庭投资策略的多样化，并因此与家庭成员保持密切的联系，是劳动力循环迁移的真正原因。

斯塔克（1991）认为，受预期收入的影响，农村向城市迁移人口应考虑造成个人直接效用的收入损失及市场风险的不确定性，而这种不确定性对农村和城市未来的收入产生很大影响。新劳动力流动经济学不再把迁移行为作为个人行为，而是由集体内部（如家庭）做出的群体决策的结果。在发展不充分的信贷市场和保险市场下，为了减少因不完全市场带来的风险，家庭成员的迁移是为了解决家庭收入不稳的一种自我保护行为。汇款在家庭成员和迁移成员之间充当"信用中介"的角色，分享其收益和风险。图 3-1 形象地描绘了家庭和外出劳动力各自面临的风险。

卢卡斯（1985）和斯塔克（1988）进一步的研究结果验证了上述观点。农业转移人口家庭及其外出务工的成员之间，是相互依存的关系。而汇款作为彼此沟通的"自愿契约"，在人员外出务工初期，家庭向这部分人员提供资金支持，而当外出务工人员工作稳定后，则开始向家庭回寄资金，用以分担农业收入因为季节原因带来的波动损失。

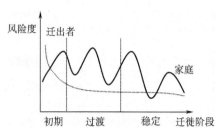

图 3-1 家庭和外出劳动力各自面临的风险

2）明塞尔家庭联合迁移理论

明塞尔（1978）较早提出了农业人口家庭迁移模型，认为家庭迁移行为是以家庭为单位而非个人的决策行为，由此将人口的迁移看作整个家庭联合做出决策的结果，称之为家庭联合迁移理论。该理论的本源来自个人决策模型的扩张，是基于家庭所有成员具有同一偏好，并假设家庭成员之间的效用可以进行加总，获得家庭总效用水平，并受家庭同一个预算约束的限制。由此造成家庭迁移决策的选择只有两种：家庭共同迁移或共同不迁移。家庭迁移决策遵循成本与收益的比较，即家庭迁移总收益减去家庭迁移总成本后的净所得的大小。当净所得大于零时，家庭成员一致采取迁移决策，否则家庭整体不迁移。

同时，在家庭成员中虽然具有相同的效用函数，但是家庭迁移行为，对不同家庭成员而言，个人所得并不是完全相同的，可能家庭成员之间会出现正所得与负所得。当这种情况出现时，在家庭迁移决策中就形成了三类人，跟随迁移的属于被迫迁移者，留在原地不迁移的属于被迫滞留者。被迫迁移者从家庭迁移中获得个人效用为负，但不影响整个家庭从迁移中获得正效用。被迫滞留者是因为家庭整体迁移效用为负，采取了不迁移策略，但迁移行为对被迫滞留者而言却是正效用，由此造成被迫滞留者不能从迁移行为中获得利益，而是损失了个人收入。当被迫滞留者或被迫迁移者所遭受的损失，不能从婚姻中得到弥补时，有可能危及婚姻安全，除非由家庭净所得对被迫滞留者或被迫迁移者的损失予以足够的补偿。

根据明塞尔后期的实证研究，得到如下重要结论：

第一，单薪家庭比双薪家庭更容易取得家庭迁移的成功；

第二，单身者比已婚者更容易做出迁移决策，同时，分居两地或离婚的人士最容易迁移；

第三，随着家庭成员的增加，参与家庭迁移决策的人越多，成功迁移的概率会不断降低；

第四，在家庭成员中，如果妇女有稳定的收入来源，那么家庭迁移的阻碍会变得更大，反之，如果家庭男性成员是家庭主要创收者，则家庭迁移决策较容易做出。

3.2.2 农业转移人口市民化成本理论

舒尔茨（Thodore V. Schults，1960）和斯亚斯塔德（Sjaastad，1962）等人将人口迁移的决策视为对迁入后的收益与迁移的成本之间大小比较后的理性决策行为。其中，收益来自城市预期收入水平、福利待遇及生活环境高出农村的部分；成本则是迁移过程中所发生的货币成本及非货币成本，既有交通费、生活费、居住费用等，也包括心理成本和风险成本。只有当所有迁移预期总收益大于迁移的总成本后，迁移者才会做出迁移行为，否则维持现状。即只要迁移的净收益大于零时就会产生迁移行为。迁移的净收益如下：

$$MR = L_j - l_i - G_{ij} \tag{3-1}$$

式中：MR 为迁移的净收益；L_j 为迁移后的预期收入；L_i 为迁移前的平均收入；G_{ij} 为迁移成本。

当 $MR > 0$ 时，迁移的预期收入大于迁移前的平均收入和迁移成本之和，人们就会做出迁移的决定；当 $MR < 0$ 时，迁移的预期收入小于迁移前的平均收入和迁移成本之和，人们就会选择不迁移。可见，迁移的成本与收益问题对农业劳动力的迁移决策有着重要影响。

斯亚斯塔德（Sjaastad，1962）提出的一种成本－收益理论，将成本－收益的概念应用于迁移行为的微观分析。收益可以分为货币收益和非货币收益，成本也包括货币成本和非货币成本。迁移的目的是为了实现迁移者在他的职业生涯中使其实际净收入最大化，迁移决策就是一种能在时间上给迁移者同时带来收益和成本的投资策略。从广义上来说，迁移也带来了社会成本和社会收益。

3.2.3 农业转移人口市民化成本分担机制理论

1）演化博弈理论

演化博弈论又称演进式博弈论，是将动态过程与博弈分析相结合的一种理论。它在分析方法上基于博弈论的静态和比较静态均衡分析，但又更加强调动态的均衡解。如今，越来越多的经济学家们运用该理论对经济社会中的制度、体制或机制的形成进行分析，用来探讨形成过程中各种因素的影响及阐释形成的动态过程，其中尤其以 J. 梅纳德·斯密斯以及诺贝尔经济学奖获得者泽尔腾（R. Selten）的研究最为著名。在研究中，通常结合基因复制动态过程（RD）（又称马尔萨斯动力系统）和演化稳定策略（ESS）作为分析问题的重要手段。

（1）基因复制动态过程又称马尔萨斯动力系统，即 RD 模型

其构建过程如下：

假设有大量的参与人进行同一个对称的博弈，每个人的策略被限定为 x^1 和 x^2，令 n_t^1 和 n_t^2 分别表示在 t 时刻按一定程序规划选择策略 x^1 和 x^2 的参与者数量，并令 N_t 表示参与者总的数量，$s_t(x^1)$ 表示在 t 时刻选择 x^1 策略的参与者占总人数的比重，则有：

$$s_t(x^1) = \frac{n_t^1}{n_t^1 + n_t^2} - \frac{n_t^1}{N_t} \qquad (3-2)$$

选择策略 x^1 的参与者的期望支付为：

$$u_t(x^1) = s_t(x^1)u_t(x^1, x^1) + s_t(x^2)u_t(x^1, x^2) \qquad (3-3)$$

所有参与者的平均支付为：

$$\overline{u_t}(x) = s_t(x^1)u_t(x^1) + s_t(x^2)u_t(x^2) \qquad (3-4)$$

从而，在连续时间下可以获得最普遍的表达形式，由下面的微分方程表示：

$$\dot{s}(x) = s(x)[u(x) - \overline{u}(x)] = F(s) \qquad (3-5)$$

式 3-5 即是关于复制的等式，它描述了准备选择不同策略的种群的进化过程，在这个过程中，主要突出了 RD 的核心内涵：如果策略 x^1 的结果高于

平均水平值，那么该策略群体在总体中所占的比例就会上升。

（2）演化稳定策略（ESS）

在演化博弈的分析过程中，均衡既是某个博弈的稳定状态或动态方程的不动点，也表示某种博弈的结果稳定性。这种渐进稳定（asymptotically stable）的不动点即是演化均衡（EE）。

演化稳定策略（ESS）意味着当博弈参与人随机配对进行博弈时，在位种群成员的支付水平高于入侵者的支付水平，每个博弈参与人都有 $(1-\varepsilon)$ 的概率遇到选择 x^1 策略的参与人，同时，他还有 ε 概率遇到入侵者。从而定义 ESS 条件式为：

$$u[x^1,(1-\varepsilon)x^1+\varepsilon x^1] > u[x^2,(1-\varepsilon)x^2+\varepsilon x^2] \qquad (3-6)$$

其中，ε 为一个极小的值，且 $0 < \varepsilon < \bar{\varepsilon}$。

演化博弈理论运用以上两个分析工具，对博弈参与人的均衡策略和动态演化路径进行分析。通过最近几年的发展，演化博弈理论以及演化博弈论在经济学分析中应用，成为国内外学者重点研究领域之一，也成为了博弈论中的一个新领域。[①]

2）机制设计理论

机制设计理论（Mechanism Design Theory）为理解制度的一般性理论框架。田国强（2003）认为该理论在税收、政府管制、公共物品供给、投票过程等研究领域获得广泛应用，具体由信息理论和激励理论两部分组成。2007年诺贝尔经济学奖获得者赫维茨（Leonid Hurwicz）、马斯金（Eric S. Maskin）和迈尔森（Roger B. Myerson），是杰出的研究机制设计理论的经济学家。

在现代社会科学中，经济学将理性选择理论视为经济学研究的重要范式，机制设计理论也将其视为核心范式之一。机制设计理论认同博弈论关于"理性即主体间理性"的本体论立场。严俊（2008）认为必须将当事人的"主动理性"和"激励相容"原则作为前提，机制设计理论才能成功。认识到机制和制度设计所面临的主体间理性问题，才有可能促进集体和社会利益的增长。机制设计理论作为经济学的一个分支，更为关注经济资源的有效配置。机制设计理论假定存在一个善意的公正的社会规划人，在人们所报告的各种信息组合集合与合意的社会状态集合之间建立某种对应关系，设计相关的博弈形

---

① http：//wiki. chinalabs. com/index. php? doc‒view‒84245. html。

式，使得互动的均衡结果符合社会群体的整体利益。优秀的机制设计不仅能够实现公共物品的帕累托最优配置，而且能够激励参与其中的组织或个人积极完成任务、分享个人信息，从而以最低的机制运行成本，获取最高水平的社会互动与合作。

机制设计理论中的激励机制包括激励手段合集、行为导向制度、行为强化制度、行为保持制度和行为归化制度，这五项同时也对应了激励机制设计的五大完整方面①：①激励手段合集是所有可以用来调动参与者积极性的各种手段、资源、方式或行为选择。它是激励机制设计的基础，为激励机制设计提供可选项。②行为导向制度是组织实施方根据参与者的实际需求，用各种可用措施来引导激励机制参与各方行动方向。③行为强化制度是在导向制度的基础上，将参与者的努力水平调整在一定的范围之内，组织者利用一定的手段防止参与者偏离预期目标或响应缓慢情况的出现。④行为保持制度的设计是为了避免参与者行为的短期化，目的在于保持参与者在整个参与过程中具有较好的持续性，激励他们按照组织整体目标继续努力推进。⑤行为归化制度存在的目的在于对参与者进行教育或采取处罚措施，以确保参与者的行为符合组织者前期规划的最终目标。

机制设计理论，特别是其中的激励机制设计理论对我国农业转移人口市民化成本分担机制的构建，具有重要的理论指导意义。

3.2.4　各理论之间的内在联系分析

农业转移人口市民化决策行为理论，是关于农业转移人口在参与市民化过程中，根据各种影响因素的大小和程度，做出是否市民化决策的理论分析。如托达罗模型从预期收入出发，依据城乡实际工资差距和农村劳动力在城市能够找到就业机会的概率，判断农业转移人口是否采取市民化行为；新迁移理论则将家庭成员的迁移和留守作为一个家庭为了分散风险而采取的多样化经营策略，以实现家庭利益最大化为目的；明塞尔家庭联合迁移理论则进一步提出了农业家庭在成本和收益原则下，如何分配家庭成员以获得家庭总效用水平的最大化。

---

① 赵红，王新军. 我国农业转移人口市民化推进研究——基于机制设计理论 [J]. 西北农林科技大学学报：社会科学版，2015（3）：100–106.

农业转移人口市民化成本理论则是根据农业转移人口在市民化决策过程中，出于成本－收益的权衡，对各种影响市民化决策的成本因素进行考量，形成对市民化行为所需要付出代价大小的认识。因此，所有增加市民化经济支出的因素，都是市民化成本构成的要素。可见，在农业转移人口市民化决策行为理论和市民化成本理论之间，存在相互融合的部分，即影响市民化决策行为的成本因素，既构成了市民化成本，也使农业转移人口倾向于做出非市民化决策（在市民化收益不变的情况下，如果市民化决策引起成本增加，则农业转移人口倾向于不向城镇转移）。

而农业转移人口市民化成本分担机制理论，是根据一定的博弈策略、机制设计理论制定某种规则或制度，将一定数量的农业转移人口市民化成本，在不同参与主体之间进行分担或化解，从而减轻市民化参与者的经济负担，促进农业转移人口市民化的顺利实现。

3.3　本书研究的前提假定

为保持前后研究的一致性、研究结论的严谨性和政策建议的针对性，本书的研究课题将遵循以下前提假定：

假定一：农业转移人口概念除特殊说明外，界定为以农业人口家庭为单位的参与市民化的决策主体，而非"农民工"概念下的劳动力群体。做出这样的假定，一是因为符合"新型城镇化以人为核心"的基本要义，新型城镇化取得实质性进展的最关键环节是家庭的城镇化；二是基于对过去"农民工市民化"过程中存在的家庭功能缺失的反思，如留守儿童缺少父母家庭教育功能，空巢老人缺少家庭赡养、娱乐功能等。因此，以整个农业转移人口家庭为单位研究市民化问题，能够更加务实并较为圆满地解决城镇化过程中存在的部分社会问题。

假定二：农业转移人口市民化成本分担机制，仅是中国特定时期的特定问题，研究目的在于通过缓解农业转移人口市民化制度化、非制度化成本的影响，以推动农业转移人口的市民化而不是"安排"农民市民化。按照发达国家农村人口市民化的规律看，城镇化是工业发展到一定程度的产物，市场化主导的工业化将内生地承担农业转移人口市民化的成本，并不需要由谁来承担。但是，在中国特殊国情下，市场化主导的人力资本要素流动并不充分，而且还存在人口转移的高昂成本障碍。因此，为破除成本障碍、纠正市民化过程中不利因素的消极影响，有必要对这一时期的特定问题做出研究。

假定三：在农业转移人口市民化成本方面，私人成本作为农业转移人口市民化过程中个体或家庭为获取更大收益所付出的代价，是市民化主体的理性决策行为造成的，不属于市民化成本分担机制中需要分担的部分，但仍对农业转移人口市民化成本承担能力产生显著影响，农业转移人口市民化成本亟须分担的部分主要是社会发展成本。

假定四：农业转移人口符合理性人假定，会根据成本－收益原则权衡是否做出市民化的行为决策。

假定五：农业转移人口市民化以彻底、完全市民化为最终目标，以务工或务农为两种备选行为选择，且确定其一，必放弃其二。该约束的目的在于促进农业转移人口由农民身份向现代产业工人身份转变，为提高市民化成本分担能力和彻底实现市民化做出行为假定。

3.4　本章小结

本章主要内容是概念界定和理论阐释，并提出了本书研究的部分重要前提假定。在概念界定部分，由于国内外学者对农村劳动力转移的研究视角和目的不同，导致概念界定不尽相同，本书以此为基础对国内外学者对农业转移人口、农业转移人口市民化、农业转移人口市民化成本的不同内涵做出阐释，在比较分析的基础上，结合我国特殊的现实背景，提出了符合国内实际及本书研究需要的概念界定。同时，对农业转移人口市民化成本分担机制做了内涵解释。然后，根据人口流动衡量标准的不同，对农村人口迁移的方式进行了分类说明，并明确了本书研究的主要对象为主被动市民化方式下农业转移人口以家庭为单位的市民化过程。

在理论基础部分，阐述了农业转移人口市民化的行为决策理论、农业转移人口市民化成本理论及成本分担理论。为本书后面章节的分析和研究奠定坚实的理论基础。总之，本章为后文提供了理论指导和认知基础。

第 4 章

农业转移人口市民化历史回顾及现状分析

我国农业转移人口市民化的进程受到诸多经济、社会制度性和非制度因素的影响，完全不同于西方国家市场主导的城镇化现象。以城市农民工为农业转移人口主体的市民化过程，表现出更多"内卷化"① 特征。甘满堂（2011）认为具体特征表现为两个方面："一是对农民工制度而言，农民工体制是城乡二元制度在城市的复制，国家对于农民工体制的改进只是小修小补，没有实质性的突破；二是对农民工阶层而言，农民工本来是市场转型时一种过渡性的身份，但现在却出现身份逐渐凝固化的发展趋势。"② 正是这种特征的存在，也使得中国农业转移人口市民化进程具有了特殊的"两步转移"现象。本章以时间顺序，回顾了我国改革开放前后农业转移人口市民化的历程，并归纳了市民化过程的阶段性特征，然后分析了农业转移人口市民化的现状及存在的问题。

4.1　农业人口转移的历史回顾

　　中国是一个幅员辽阔、人口众多的发展中国家，同时也是二元经济特征比较明显的过渡型发展大国。Davin（1999）认为中国的农业劳动力流动深受社会、经济发展的影响，在不同的历史阶段具有非常明显的历史特征，农业人口流动的规模、区域、方向和产业趋势也各有不同。关于中国农业转移人口市民化进程的分析，国内外不同的学者有不同的阶段划分。Kojima（1996）的划分方式为：1949—1960 年，1961—1976 年，1977—1984 年，1985 年以后；朱农（2005）将中国农业人口市民化的过程分为四个阶段：1949—1958年，中国工业化起步阶段，第一次人口大规模乡城迁移；1959—1977 年，劳动力流动严格控制时期；1978—1984 年，农业人口自发向城市或非农产业流动新时期；1985 以后，乡城人口迁移限制政策逐步取消，农业人口自由流动时期。雷武科（2008）以中华人民共和国成立后发生的两大历史事件——1958 年开始的"三年自然灾害"和 1978 年开始的改革开放——为分界点，对

---

　　① "内卷化"概念最初由美国人类学家戈登维泽（Alexander Goldenweiser）提出，后经格尔茨（Clifford Geertz）发展，用来描述社会文化发展迟缓现象。具体概念是指一种文化模式达到某种最终形态以后，既没有办法稳定下来，也没有办法转变到新的形态，取而代之的是内部不断变得更加复杂。也就是说，某一现象或问题在外部扩张条件受到严格约束情况下，内部变得不断精细化和复杂化的过程。

　　② 甘满堂. 农民工改变中国——农村劳动力转移与城乡协调发展 [M]. 北京：社会科学文献出版社，2011：272.

中国农村剩余劳动力转移的阶段性特征进行了分析。

中华人民共和国成立以来，我国农业转移人口市民化过程具有明显的二元经济特征。农业转移人口的市民化，既是农村剩余劳动力在全国范围和三大产业部门之间的再分配过程，也是人口结构在社会发展、制度变迁过程中的刻画，带有时代经济发展和社会进步的鲜明烙印。根据我国农业人口增长率、城镇化率等数据走势，本书将我国农业转移人口市民化的过程在整体上划分为两个时期五个阶段。两个大的时期以 1979 年改革开放为分界点，五个阶段则以经济、社会等历史典型事件的影响为依据，并结合中国城镇化率的增长趋势作为经验参考，具体划分和分析详见下文。对中华人民共和国成立以来我国农业人口市民化历史阶段和特征的分析，主要目的在于剖析影响农业人口向城镇转移的因素，以便从中找到可供决策层识别并有效利用的宏观、微观政策导向，促进农业转移人口合理、健康、有序地向城镇流动。

4.1.1　改革开放前农业转移人口市民化的历程

1949—1978 年是典型的计划经济背景下的农业人口流动时期。这个时期，政府通过两种方式限制农业人口流动，其一是农村经济集体化，建立"人民公社"体制，农业人口以生产队为单位，统一安排生产计划、统一分配作业时间，农民被严格固定在土地上；其二是户籍制度，城乡户籍区别鲜明，农业剩余劳动力难以自主择业和自由流动，大量农业剩余劳动力被滞留在农业部门内部，劳动投入过分密集，农业生产效率低下。在这一时期，农业人口转移的历史具体表现为以下几个阶段：

1）第一阶段：1949—1960 年，农业转移人口自由迁徙阶段

从中华人民共和国成立之初到"三大改造"基本完成，这一历史阶段，国民经济从满目疮痍、百废待兴的萧条局面，开始逐步好转，并奠定了较为坚实的工业基础，特别是对交通运输建设和能源及原材料工业建设的投入，使城市发展较为迅速，吸引了大量农村劳动力向矿场、油厂、钢铁、水利等产业部门流动。并且，在该阶段国家层面也没有关于人口流动的政策限制和地方落户规章的严格约束，这是中华人民共和国成立以来，人口较为迅速和大规模地从农村向城市迁移的阶段。

从图 4-1 可以看出，这一阶段城镇化率增长趋势约有 20°的倾斜角，1949 年到 1960 年间，城镇人口由 5 765 万人增长到 13 073 万人，增加了 7 308

万人，增长率为 126.76%，年均增长 10.56%；而农村人口同时期由48 402万
人增长到 53 134 万人，累计增长率仅为 9.78%，可见农业人口向城市流动规
模较大，导致我国城镇化比例相应从 10.64% 提高到 19.75%。据统计，1953—
1957 年，即国家第一个五年计划，一共加强建设了 156 个重点项目，带动农村
人口进入城市的规模为 1 500 万人，促进城市化水平由 12.46% 提高到 15.39%。
1958 年后，"大跃进"运动全面展开，导致经济建设过度膨胀，特别是"大炼
钢铁"运动使得劳动力需求虚假旺盛，推升了短期的城镇化速度，1960 年成
为 20 世纪 80 年代前我国城镇化的顶峰。①

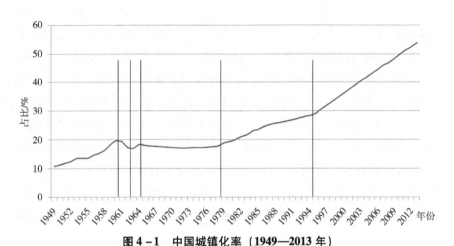

图 4－1 中国城镇化率（1949—2013 年）

注：根据国家统计局网站年度统计数据库整理所得。

2）第二阶段：1961—1963 年，首次逆城市化时期

这一阶段由于自然、政治、经济、制度等原因，导致我国农业转移人口
市民化出现短期波动。中华人民共和国成立后的首次逆城市化现象出现在这
段时期。该阶段城镇人口绝对数量从 12 707 万人下降到 11 646 万人，减少了
8.35%，农村人口从 53 152 万人增长到 57 526 万人，增长了 8.23%。造成该
阶段逆城市化现象的主要原因包括：其一，农业人口过度迁移，造成农业劳
动力投入不足，农产品供应出现紧缺；其二，"三年自然灾害"更是让农业生
产雪上加霜，农业大面积减产，1957—1960 年间粮食产量下降 24.4%，粮食
供求严重失衡；其三，国家出于对前期人口流动控制和工农业经济结构调整

---

① 本书数据来源，除特殊说明外，均来自各年度《中国统计年鉴》和国家统计局官网公布数据。

的需要，在1961—1963年大力精简城市人口，充实农业人力资本投入，三年经济调整时期，城镇人口共减少1 061万人，农村人口增加3 313万人；最后，始于1958年的户籍制度，由于"大跃进"的影响，到了20世纪60年代开始充分发挥作用。以上因素导致中国农业劳动力转移在短时间内出现大规模起伏波动，这也是世界人口迁移史上较为罕见的。

3）第三阶段：1964—1978年农业人口流动停滞阶段

这一阶段，中国的城镇化基本维持在17.56%平均水平，并呈现出U型：1964年城镇化率为18.37%，随后逐年下降，到1972年达到最低点17.13%，然后回升，到1978年恢复到17.92%水平。同期，城镇人口规模从12 950万人，增加到17 245万人，增长了33.17%，年均增长2.21%；农村人口由57 549万人，增加到79 014万人，增长了37.30%，年均增长2.49%，农业转移人口城市化进程完全停滞。造成这种现象的主要原因如下：第一，严格的城乡户籍管理制度。户籍制度与供给制相伴而生，这种既服务于供给制又高于供给制的制度安排，不断强化户口的作用外延。户口不仅成为消费品供给的依据，而且与城镇就业、住房分配、教育升学、社会保障等日益密切地联系在一起，"农转非"受到政府的严格控制，成了农村人口向城市流动的一个严格的限制手段。第二，"文化大革命"运动的影响。"文化大革命"期间，鼓励知识青年上山下乡和干部下放，城市迁入人口小于迁出人口，引起了第二次逆城市化。第三，工业增长缓慢，吸纳劳动就业的能力衰退，城市就业问题突出。为缓解城市就业压力，城市毕业生送往农村的"15年安置计划"促进了人口从城市向农村的反向流动。第四，统购统销的计划经济体制，使得农村商品市场、家庭手工业和个体工商业等迅速衰落，农业人口只能从事土地经营，被牢牢固定在有限的土地上。

4.1.2　改革开放后农业人口转移市民化的历程

1979年至今是市场经济背景下的农业转移人口市民化时期。市场经济更重视投入要素、资源的自由流动，为农业转移人口的市民化提供了理论支持。这一时期，从农村土地制度改革开始，实行和推广家庭联产承包责任制，极大提高了农民生产积极性，推动了农业生产率的提高；随之，"人民公社"制度的解体使农民得以自由支配劳动时间，并自主选择经营方式和职业，为劳动力的自由流动奠定了制度基础。而东南沿海地区的改革开放，在外向型经济战略的巨大带动作用下，中外合资企业、外商独资企业蓬勃发展，创造了大量的就业岗位，同时拉大了各地区间的收入差距，增强了农民离乡离土外出打工的动机。

1）第一阶段：1979—1994 年，农业转移人口市民化较快时期

城镇人口由 18 495 万人增加到 34 169 万人，年均增加 1 044.93 万人；农村人口由 79 014 万人增加到 85 681 万人，年均增长 444.47 万人，城镇化率从18.96% 增长到 28.51%。特别是在 1984—1988 年间，农村劳动力非农化率由8.81% 提高到 21.50%。[①] 这一时期，农业转移人口规模扩大和城镇化加速推进的主要影响因素如下：

（1）最重要的影响因素是土地制度改革

始于 1978 年、基本确立于 1982 的农村土地制度改革，以家庭联产承包责任制彻底取代人民公社制度，包产到户、自主经营，极大地激发了农民种粮的积极性，释放出农业生产的巨大推力。图 4 - 2 为粮食产量波动图。

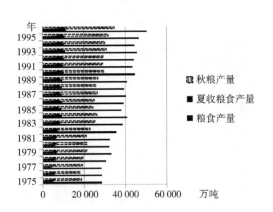

图 4 - 2　1975—1996 年全国粮食总产量

注：数据来源于国家统计局官网数据库。

1979 年粮食总产量开始突破 30 000 万吨，随后时期都保持在该水平以上，并在 1989 年后攀升到 40 000 万吨以上，其中，各年度秋粮的产量仍占据该年度粮食总产量的 60% ~ 70%，并呈现出较大的增长幅度。如，1979 年全国秋粮总产量约为 20 000 万吨，到 1993 年接近 30 000 万吨，其后基本维持在

---

① 数据来源：惠宁，霍丽. 中国农村剩余劳动力转移研究 [M]. 北京：中国经济出版社，2007：43 - 44.

该水平；而夏粮年度总产量占粮食总产量的份额在40%以下，且绝对数量增长缓慢，基本保持在5 000万吨~10 000万吨。

（2）乡镇企业异军突起，有效带动了农业剩余人口非农化的就地转移

1984年3月，中共中央、国务院明确提出鼓励和支持乡镇企业发展。农村土地制度的改革，释放了农业劳动力的活力、提高了劳动力的生产效率，同时也使"大锅饭"制度下掩盖多年的农村剩余劳动力的隐性失业显性化。而大部分以劳动密集型为主要生产方式的乡镇企业，为农业剩余劳动力的转移提供了便利途径。[①] 如表4-1所示，乡镇企业吸纳农业转移人口就业的规模逐年稳步增长，到1994年吸纳农业剩余人口达到1.2亿人，占农村就业总人口的24.6%，即近1/4的农业转移人口实现就地非农产业就业。可以说，乡镇企业的发展对农业人口的转移提供了有效的就业途径，也从深层次上优化了农村劳动力的就业结构。

表4-1 1978—1994年我国农村从业人员规模及构成

年份	乡村就业总人口（万人）	非农产业从业人数（万人）			构成（合计=100）		
		乡镇企业	私营企业	个体	乡镇企业	私营企业	个体
1978	30 638	2 827	—	—	9.2	—	—
1980	31 836	3 000	—	—	9.4	—	—
1984	35 968	5 208	—	—	14.5	—	—
1985	37 065	6 979	—	—	18.8	—	—
1986	37 990	7 937	—	—	20.9	—	—
1987	39 000	8 805	—	—	22.6	—	—
1988	40 067	9 545	—	—	23.8	—	—
1989	40 939	9 367	—	—	22.9	—	—
1990	47 293	9 265	113	1 491	19.6	0.2	3.2
1991	47 822	9 609	116	1 616	20.1	0.2	3.4
1992	48 313	10 625	134	1 728	22.0	0.3	3.6
1993	48 784	12 345	187	2 010	25.3	0.4	4.1
1994	48 786	12 017	316	2 551	24.6	0.6	5.2

注：数据来源于历年《中国统计年鉴》；"—"代表缺失数据。

[①] LOHMAR B, ROZELLE S, ZHAO C. Rural-to-Rural Movement in China：Emerging Opporunities for Rural Workers, Working Paper, http：//www. agecon. ucdavis. edu/Faculty/Rozelle/，1999。

（3）对外开放国策的实施

自 1978 年中国实行改革以来，对外开放始终与对内的经济体制改革相提并论，并且二者之间呈现出相互促进的关系。我国渐进式的对外开放策略，表现在三个方面：设立"经济特区或开放区"、外贸体制中的放权、加入世界贸易组织。1980 年，中央政府首先在广东和福建设立了深圳、珠海、汕头和厦门四个经济特区，并于 1984 年将沿海 14 个城市确立为开放城市；20 世纪 90 年代初，逐步扩大对外开放力度，开放城市延伸到内陆港口、省会和若干边境城市。如此大规模和强度的对外开放政策，吸引了大量外资涌入，中外合资企业、中外合作企业、外商独资企业等经济组织形式大量涌现，东南沿海城市大中型企业如雨后春笋般出现，一方面，众多企业的成立带动了当地及周边地区的就业，吸引大量劳动力集聚到沿海开放城市（如图 4 - 3），另一方面，对外开放的分层推进带来了地区发展差距和城乡收入差距，也为农业剩余人口向城镇转移创造了条件。

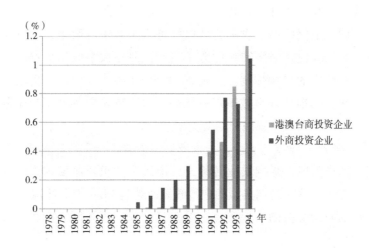

图 4 - 3　外资企业吸纳城镇人口就业的比例变化趋势

注：数据来自中经网统计数据库。

（4）城市经济体制改革的推进

随着农村改革的巨大成功和对外开放的"倒逼"作用，经济社会发展的矛盾触及计划经济的核心部分，国有企业改革作为城市经济体制改革的主要方面，始于 1984 年。改革的难点在于政府和企业的关系、市场和计划的关系，导致国有企业改革历程漫长、进展缓慢、环节复杂、影响巨大。1978 年国有经济和集体经济类型企业所占比重高达 99%，到了 1994 年，两者的比重下降到 70% 左右，个体经济和其他经济形式在国民经济中开始发挥作用。1990—1995 年，国有企业改革，从两个方面对农业人口的转移产生影响：其一，国有企业原有的内部冗员过多、效益低下等问题在改革中逐步显现，国有企业员工的下岗成为必然，这对城镇就业带来压力，增加了农业转移人口市民化的难度；其二，国有经济控制国民经济命脉同时允许非国有经济共同发展，为私营经济、个体经济、三资企业等注入活力，有利于进一步吸引农业剩余劳动力向城市转移就业。但是，二者相互作用的力度大小和最终引起农业人口转移的规模，需要进一步实证分析。20 世纪 80 年代中期国家将计划生育作为一项基本国策，导致人口出生率显著下降，特别是城市人口出生率下降最为明显，而同期中国的城镇化水平在稳步增长，可见，农业人口向城市转移的趋势并未改变。

（5）户籍制度的放松

从 1984 年开始，地方政府开始放松对农民迁入小城市和城镇的限制，户籍制度造成的城乡分割开始弱化，同时，取消了限制农民向非农产业转移的一些制度障碍，不仅放松了农民自理口粮进入小城镇的政策，而且实行居民身份证制度，为农民跨地区转移创造了条件，但在大中城市仍然对农业转移人口定居实行严格的户籍控制。直到 20 世纪 90 年代以后，户籍制度改革开始走向多元化，基本放开小城镇户籍限制，适度放松中等城市户籍限制，严格控制大城市及特大城市农民户籍变更。

2）第二阶段：1995 年至今，是农业转移人口市民化加速发展新阶段

在新的历史阶段，影响农业转移人口市民化的重要制度因素，首推户籍制度改革的深化。这一时期典型的户籍政策改革是 1998 年 7 月 22 日国务院针对当时出现的亟待解决的"民工潮"及随迁子女、家属落户问题，做出了户口管理的"四项改革"。

其次，在经济体制改革方面，国有企业改革方向进一步明确、科学、有的放矢，改革措施更加具体、有效。1995 年 9 月，中共十四届五中全会通过《中共中央关于制定国民经济和社会发展"九五"计划和 2010 年远景目标的建议》，对国有企业改革提出了新的思路：一是转变经济增长方式；二是实行"抓大放小"的改革战略。① 这对城镇就业在不同经济类型之间的结构化转变

---

① 具体见中国改革信息库刊登内容：http://www.reformdata.org/special/84/about.html。

带来重大影响。

图 4 - 4 所示为我国不同经济类型吸纳城镇就业方面的情况。从图 4 - 4 中可以看出城镇就业总规模仍呈现出稳步增长的趋势，但国有单位城镇就业人员和城镇集体单位就业人员规模都呈现出下降趋势，取而代之的是股份合作单位、联营单位、有限责任公司、股份有限公司、私营企业、外资企业等其他经济类型的法人对城镇人口就业具有巨大的吸纳能力。

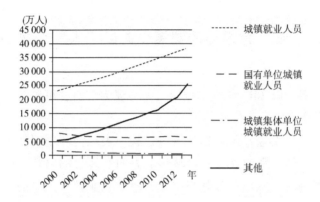

图 4 - 4　2000—2013 年按经济类型分城镇就业规模①

数据来源：国家统计局官网数据库。

最后，城镇建设用地的快速增长与失地农民的"被城市化"现象并存。城镇化的不断推进，往往与一国的工业化水平和经济增长速度息息相关。当工业化进程不断推进、产业结构不断优化时，城市化的步伐也在不断跟进。社会生产力越发达，城市的作用和地位也愈发突出。现代城市俨然成为了国家经济、政治、文化和科技革命的中心，也成为了人口集聚的重要场所，工业化和第三产业的共同推动，促进了城市化的加速发展。然而，随着城市规模的扩大，必然需要更多的土地作为载体。

---

①　全国就业人员 1990 年及以后的数据根据劳动力调查、人口普查推算，2001 年及以后数据根据第六次人口普查数据重新修订。城镇单位数据不含私营单位。2012 年行业采用新的分类标准，与前期不可比。且，图例中"其他"是指除国有企业和集体企业之外的一切经济类型单位或个体经济吸纳的就业规模，具体包括股份合作单位、联营单位、有限责任公司、股份有限公司、私营企业、港澳台投资单位、外商投资单位和个体工商户。

4.2 农业转移人口市民化的阶段性特征

正如托达罗所指出的，任何影响城乡实际收入的经济、社会政策都会直接或间接地影响农业转移人口的市民化过程。与其他国家相比，中国社会、经济、制度、政策等的特殊性，都使得农业转移人口市民化过程表现出明显的阶段性特征。

4.2.1 由以"物"为重心的城镇化向以"人"为核心的城镇化转变

从整体上看，以2013年全国城镇工作会议为节点，可以将我国城镇化进程分为两个阶段：

一是以"物"为重点的城镇化推进过程，表现为利用制度手段、市场引导和资金推动，间接影响农业人口转移的方向和转移的路径。如利用城乡分割的二元户籍制度、城市积分落户制等，限制农业转移人口的自由流动；20世纪80年代兴起到90年代步入没落的农村工业化道路，利用市场手段，大力发展小城镇和乡村工商业，提倡"离土不离乡"，引导农村剩余劳动力就地就近转移，祈望在不改变当时土地制度和户籍制度的前提下，走出一条现代化但是不等于城镇化的新路。当然，这种违背城镇化普遍规律的"一厢情愿"式农业人口转移途径，并没有取得成功。其原因不难理解，无论是生产的现代化，还是居民生活的现代化，都离不开完善的基础设施建设。电力通信、交通运输、教育卫生和文化娱乐等基础设施，无论在建设施工还是后期保养维护上，都需要巨额资金的投入。而城市经济学理论认为，城市之所以具有集聚效应——内在的规模不断扩张的冲动——是因为在任何给定的人口数量上，只要城市规模带来的边际收益曲线还处于边际成本曲线之上，两者之间所确定的净集聚效应就会推动城市人口和面积的不断扩张。这在经济学上表现为城市投入带来的规模报酬递增现象。然而，资本投入的不断增加只是城镇化不断推进的必要条件，而非充分条件。近年来，"政府主导下的土地配置，主要用于提高地方GDP的资本密集型和土地密集型产业，使其大规模发展，对能够吸收大量劳动力的服务业，特别是能够吸收外来农村劳动力的所谓低端服务业却十分排斥"①。由于土地财政的急剧扩张，全国范围内，地方政府为了政绩，大片出售土地，片面超前大肆"规划"城乡结合部，优先建设了大量豪华政府大楼、新城、新工业园区、新别墅区等，并没有把满足城乡居民的基本需求放在重要位置，脱离了新型城镇化的核心内涵，最终造成多城市出现"空城""鬼城"，且并无后续增加 GDP、扩大就业、促进人口就业和城镇化的可能。

　　二是着力以"人"为核心的价值取向，推进新型城镇化的发展阶段。新型城镇化更加强调以人为核心，更加注重以人为主体的城镇化，紧紧围绕人的合理的基本需求来规划和建设城镇，即城镇基础设施和生活保障方式等既不超前也不滞后，城镇居民各种基本生活需求得到合理的、同步的满足。2014 年中央农村工作会议上提出了解决农民工市民化的三个"约 1 亿"的工作目标："即到 2020 年，要解决约 1 亿进城常住的农业转移人口落户城镇，约 1 亿人口的城镇棚户区和城中村改造，约 1 亿人口在中西部地区的城镇化。"推动如此大规模的农业转移人口市民化，既是推动经济社会进步的主要动力，也是一项任务艰巨的历史工程，特别是在坚持"以人为核心"的新型城镇化战略定位下。实现这个目标需要满足以下条件：第一，需要弱化农业转移人口与其承租的农地的联系。农村土地是农民赖以生存和生活的根本，也是实现市民化的起点。只有让农业人口对土地的依赖程度降低，经济来源从主要依靠农业生产转变为依靠非农产业，生活区域从乡村转移到城镇，才能降低他们与农地的联系，为市民化奠定经济基础。第二，确保农业转移人口在城市拥有一定的物质基础和基本保障，如居住环境的改善、医疗卫生的满足，这是市民化的社会保障。第三，加强迁入地城镇居民对农业转移人口的认可和帮助，让农业转移人口对迁入城镇形成城市归属感和认同感，逐步融入城市生活方式。只有农业转移人口真正融入了城市生活，才是市民化的最终实现。

4.2.2　农业转移人口市民化方式由"主动单一型"向"主动、被动复合型"转变

　　中华人民共和国成立初期到 20 世纪 90 年代末期，我国农业转移人口市

---

　　① 文贯中. 吾民无地：城市化、土地制度与户籍制度的内在逻辑［M］. 北京：东方出版社，2014：28.

民化的历程，除了政治动员下的"上山下乡"时期出现的"逆城市化"现象外，最突出的特征就是农业人口向城镇，特别是大城市迁徙、居住的愿望十分强烈。在国民经济恢复时期和"一五"计划时期，国民经济在重工业优先发展的带动下，进入快速恢复时期，同时吸引了大量农村青壮年响应国家号召"进城支援国家工业建设"。1958 年后，城乡户籍制度开始初步形成，考虑到城镇户籍制度背后与农村具有天壤之别的社会福利制度，如城镇基本医疗保险、住房福利、教育便利和养老制度等，更加吸引农业转移人口向城镇集聚，甚至出现了"盲流"现象。十年"文革"使得城镇化进程处于停滞。但是改革开放后，东南沿海的对外开放，特别是珠三角、长三角区域经济的飞速发展，吸引了更多农业转移人口涌入。农业转移人口市民化的浪潮一浪高过一浪，也带来我国 1979—2000 年间年均 1.04% 的城镇化率。[1]

进入 21 世纪以来，国家进行了住房制度改革，房地产经营与开发开始引入民间资本，国家仅作为土地的提供方向社会资本挂牌招标。地方土地财政现象愈演愈烈，中国地方政府的土地财政依赖程度不断加剧，土地财政成为一种"无奈之举"。[2] 最终导致土地的城镇化速度超过了人口的城镇化速度，给城镇化的持续健康发展带来潜在隐患。[3] 在土地城镇化加速发展的背后，由于地方政府城市规划引起的城郊土地征用，农村征地类群体性冲突事件时有发生，使得居住其上的农民被迫转变为市民身份。虽然失地农民由于周围基础设施的改善而得到部分福利的提高，但是农民的经济状况、心理健康等有所恶化。可见，我国农业转移人口市民化的方式，已经不单单是主动式、自愿式的向城镇迁徙与居住，而是多了一种基于土地城镇化，以土地财政为动力的城郊农民"被城镇化"。[4] 被城市化经常体现在，由于行政区划调整、农地受客观因素的影响而不得不放弃农业生产方式和农村生活方式，最终被动融入城市，甚至在城市内部形成了城镇棚户区和城中村等的尴尬局面。农业转移人口市民化进程的表现形式也出现了主动被动相结合的复合型推动方式。

① 数据来源：国家新型城镇化规划（2014—2020 年）[N]. 人民日报，2014 - 03 - 01：79.
② 王克强，胡海生，刘红梅. 中国地方土地财政收入增长影响因素实证研究——基于 1995—2008 年中国省际面板数据的分析 [J]. 财经研究，2012（4）：112 - 122.
③ 薛翠翠，冯广京，张冰松. 城镇化建设资金规模及土地财政改革——新型城镇化背景下土地财政代偿机制研究评述 [J]. 中国土地科学，2013（11）：90 - 96.
④ 秦立建，陈波，蒋中一. 我国城市化征地对农民健康的影响 [J]. 管理世界，2012（9）：82 - 88.

4.2.3　农业转移人口市民化进程带有深刻的城市发展政策的历史烙印

我国农业转移人口市民化的进程，在很大程度上是由政府主导的城镇化，而不是西方发达国家那样的自然的历程。这主要来自两个方面的原因：一是中国作为文明古国的历史传统的传承；二是来自中华人民共和国成立后政治经济发展的具体国情约束。中国有悠久的农耕文明，农耕社会最大的特点就是"人不离土，也不离家"。始于西周的户籍登记制度，就已经开始发挥户籍制度在征调赋役方面的作用，秦汉时期则确立了"编户齐民"的户籍管理制度，将农民相对地固定在某一地域。这些悠久的户籍管理制度为中华人民共和国成立后城乡分割的二元户籍制度提供了"养分"和经验借鉴。但1949年通过的具有临时宪法属性的《中国人民政治协商会议共同纲领》明确规定，承认和保障公民的迁徙自由，"五四宪法"也确立了公民有居住和自由迁徙的权利。这段时期，国家并不限制人口流动，户籍管理宽松，城市和乡村之间没有明显差别，人口在城乡之间自由流动和迁徙。

1953年，国家开始制定"一五"计划，并在苏联帮助下开展156个大项目的重工业建设，对劳动力需求趋于紧迫。中央政府"动员青壮年农民进城支援国家工业建设"，鼓励农民进城，大约有2 000万人口迁徙到城市居住。这也是中华人民共和国成立后第一次大规模农业转移人口市民化，由此也催生了新型工业化城市的诞生，如东北沈阳、哈尔滨、长春、本溪、鞍山，西部西安、兰州，中部武汉，华北唐山、天津等。然而，由于农村劳动力向城市的大规模迁移，造成农业生产不足，城镇粮食需求急剧增长，供不应求。虽然，国家随后在陈云等建议下实现了粮食统购统销，但大量农业转移人口向城市的持续流入，仍然进一步加剧了粮食供求失衡。1953年春，国务院发出了《关于劝止农民盲目流入城市的指示》，目的在于劝止农业转移人口盲目流入城市，缓解城市人口口粮短缺的压力。1958年1月9日，全国人大常委会通过了《中华人民共和国户口登记条例》，该条例第一次以法律的形式改变了"五四宪法"关于公民居住及迁徙自由的规定，其第10条第2款规定："公民由农村迁往城市必须有城市劳动部门的录用证明、学校录取证明或者城市户口登记机关的准予迁入证明"，标志着城乡分割的户籍管理制度开始初步形成。由此开始，到20世纪60年代中后期，农业转移人口市民化的脚步趋缓。其后十年间，知识青年响应党的号召上山下乡，出现了中华人民共和国成立以来第一次"逆城镇化"现象，直到 1977 年高考恢复，知识青年又由农村向城市迁徙。

从 20 世纪 80 年代初开始，自下而上的农村家庭联产承包责任制解放了大量农村劳动力。随后的十年内，乡镇企业蓬勃发展，开创了第二次农业人口大规模转移城镇的流动过程。外出务工农民工从 1983 年的约 200 万人，增长到 1989 年的 3 000 万人，年均增长近 600 万人。进入 20 世纪 90 年代，改革开放稳步推进，珠三角地区招商引资，企业蓬勃发展，吸引了大量农民工涌入。随后，长三角及东部沿海地区对外开放，合资企业、外商独资企业、民间企业等不断涌现，对劳动力需求不断增长，极大促进了农业人口大规模跨省迁移。这既得益于对外开放的实施，也得益于 1984 年开始实行的身份证制度及后来实行的暂住证制度，对户籍制度在一定程度上松绑，缓解了城乡户籍分割带来的束缚。但是，到了 20 世纪 90 年代中后期，国企改革初步实施，城镇居民下岗职工增多，城镇就业压力增大，一些城市开始对招用农民工采取限制性政策，农民工利益受到侵犯事件时有发生，农业人口向城镇迁移的动力受到影响。2000 年全国外出农民工有 7 849 万人，年均增加 170 万人。2003 年后，随着国家对农业转移人口城镇化的重视，连续出台鼓励和引导政策措施，并对城镇发展做出顶层规划，农业转移人口进入稳步增长阶段，农业转移人口外出务工的绝对数量呈平稳增长趋势，年均增长达到 600 万人。

此外，我国对城镇化的认识及政府对城镇化战略的布局也在不断深化，对农业转移人口的市民化进程带来了间接影响。2002 年 11 月，中国共产党第十六次全国代表大会提出了"走中国特色的城镇化道路"，2007 年 10 月党的十七大会议进一步提出了中国特色城镇化道路的发展原则和总体目标，即"按照统筹城乡、合理布局、节约土地、功能完善、以大带小的原则，促进大中小城市和小城镇协调发展"。2012 年 11 月，党的十八大会议明确提出了实施以人为核心的"新型城镇化"战略。2013 年 3 月，《国家新型城镇化规划（2014—2020 年）》对城市发展规模与人口落户政策实行差别化措施。"差别化落户政策"根据不同城市规模，确定有区别的落户标准和差异化定居条件，旨在合理引导农业人口向大中小城市的有序流动（见表 4-2）。2014 年 7 月，国务院正式出台《关于进一步推进户籍制度改革的意见》,取消农业户口与非农业户口性质区分,以及由此衍生的蓝印户口等户口类型,统一登记为居民户口,我国城镇化进程在户籍制度限制上拉开了改革的序幕。

表 4-2　城市规模与差别化落户政策

城市规模	落户政策
建制镇和小城市	全面放开落户限制
城区人口 50 万 ~ 100 万的城市	有序放开落户限制
城区人口 100 万 ~ 300 万的大城市	合理放开落户限制
城区人口 300 万 ~ 500 万的大城市	合理确定落户条件
城区人口 500 万以上的特大城市	严格控制人口规模

资料来源:《国家新型城镇化规划 (2014—2020 年)》。

由此可见,我国农业人口向城镇转移的过程中,来自国家政策层面的影响是十分突出的,特别是户籍管理制度、城市规划政策和城市落户政策的影响最为明显。这些政策直接影响了农业人口向城镇转移的动力、方向和规模大小,也使得中华人民共和国成立以来我国城镇化进程带有深刻的城市发展政策演变的历史烙印。

4.2.4　农业转移人口市民化具有"两步转移"的特征

我国农业转移人口市民化的过程不同于世界其他国家乡城人口转移的现象,具有特殊的"两步转移"模式——"农民→农民工→市民"和"农民→征地农民→市民"。前者属于主动市民化的有效方式,后者是迫于征地压力,农民被动获得城市扩建后的市民身份。这不同于发展经济学中提出的经典命题规律:在现代化进程中,乡城人口的转移现象多表现为"农村人口市民化"和"农业剩余劳动力非农化",即农民在现代化进程中,通过参与工业化和城镇化,实现了自身身份的双重转变——空间生活环境由农村转变为城市,职业身份从农业劳动者转变为非农劳动者。从西方国家农业人口转移的一般现象看,农业人口在向市民身份转变时,基本上同时实现了上述双重身份的"一步转移"。而我国在特殊的制度约束和渐进式改革环境下,造就了农业转移人口市民化的"两阶段"市民化模式:先是农民非农化,然后再农民工市民化。虽然实现了农民向非农产业工人的转变,但没有真正成为稳定的产业工人,大部分就业岗位属于正规部门非正规就业模式。临时性、阶段性的就业方式占比达到50%以上,农民工就业行业多分布在建筑业和制造业,分别达到22%和31%左右;其次为第三产业中的批发和零售业(11%左右),居民服务、修理和其他服务(10%左右)等。这些具体职业大多劳动条件恶劣、劳动强度大或手工要求高等,且就业不稳定(见表4-3)。

表4-3　2013—2014年农民工就业行业分布　　　　(单位:%)

	2013 年	2014 年	增减情况
第一产业	0.6	0.5	-0.1
第二产业	56.8	56.6	-0.2
其中: 建筑业	22.2	22.3	0.1
制造业	31.4	31.3	-0.1
第三产业	42.6	42.9	0.3
其中: 批发和零售业	11.3	11.4	0.1
居民服务、修理和其他服务业	10.6	10.2	-0.4
交通运输、仓储和邮政业	6.3	6.5	0.2
住宿和餐饮业	5.9	6.0	0.1

数据来源:2014 年中国农民工监测报告。

从全球角度看,农村劳动力转移作为一种历史性现象,首先是从西方发达国家开始的,普遍的农村劳动力转移经验表明:工业化和城镇化的进步带动了农村劳动力的转移。劳动力作为一种重要的生产要素,随着农业社会向工业社会的过渡,其流动过程有两个主要表现:一是在就业结构上出现从农业向工业的倾斜。即经济社会中从事农业的人口数量占总人口的比重逐渐下降,非农就业的比重不断上升,并最终大大超过农业从业人口。二是劳动力的效率得到提高,直观表现为单位劳动力创造的 GDP 不断提升。而英国人口学家列文斯坦提出的人口迁移规律(Raven Stein's Laws of Migration)认为,人口迁移具有以下特征:人口迁移率与迁移距离成反比,多数人口迁移为短距离迁移,长距离迁移者倾向于大的经济中心城市;迁移的阶段性特征表现为梯度迁移,即先迁往较近的小镇,再迁入大的城市;迁移规模上存在主流和逆流，而且二者总是相伴而生；净人口迁移流主要是从农村向城市流动，技术和交通对迁移具有影响力，经济因素对迁移人口起支配作用；农业人口转移的过程多为一次性、长久的转移，并成为永久城市居民——逆城市化现象除外。而中国近期的农业转移人口市民化进程，还存在"折返式"市民化现象：部分农民流入东部发达省份或大城市，通过在该城市较长时期的打工获得较高收入和储蓄，但并不在该城市落户，而是出于市民化成本高低、落户条件限制或"离家近"等因素的考虑，选择回到距离迁出地较近的小城镇或城市落户。这也是我国农业转移人口不同于列文斯坦提出的先小镇后城市的市民化路径。

4.3　农业转移人口市民化的现状分析

4.3.1　农业转移人口市民化是城镇人口增长的主要来源

根据国家统计局公布的全国人口统计数据，2011 年我国城镇化率（按照常住人口统计口径）首次达到 51.27%，城镇人口超过乡村人口，2014 年城镇化率达到 54.77%，整体上，城镇人口已经由 2000 年的 4.59 亿，增长到 2014 年的 7.49 亿，增加了 2.9 亿人，2017 年末城镇常住人口为 81 347 万人，占总人口比重为 58.52%，户籍人口城镇化率达到了 42.35%，比上年末提高 1.15 个百分点。[①] 但是根据第六次人口普查的统计结果，各地区的城镇化率仍存在很大差异，见表 4-4。其中，上海、北京、天津城镇化率排在前三位，接近或超过了 80%，西藏、贵州、云南、甘肃和河南城镇化率均在 40% 以下，西藏仅为 22.7%，城镇化水平最低。这说明，目前我国的城镇化水平存在地区不平衡，即东部省份和城市的城镇化水平较高，如京沪穗、苏浙闽及东三省，城镇化率均超过国家平均水平；中部地区基本与全国城镇化水平持平，如湖北、宁夏、陕西等地；偏远地区的城镇化水平较低。

---

① 数据来源：国家统计局发布的《中华人民共和国 2017 年国民经济和社会发展统计公报》。

表4-4　中国各地区城镇化率基本情况

地区	城镇人口（万人）	总人口（万人）	城镇化率	地区	城镇人口（万人）	总人口（万人）	城镇化率
全国	66 978	134 091	49.95%	山西	1 716	3 570	48.07%
上海	2 055	2 301	89.32%	宁夏	302	629	48.02%
北京	1 686	1 960	86.03%	陕西	1 706	3 731	45.73%
天津	1 028	1 295	79.39%	青海	252	564	44.69%
广东	6 903	10 431	66.18%	河北	3 158	7 200	43.86%
辽宁	2 719	4 376	62.14%	江西	1950	4 454	43.78%
浙江	3 355	5 445	61.62%	湖南	2 845	6 566	43.33%
江苏	4 737	7 870	60.19%	安徽	2 558	5 943	43.04%
福建	2 106	3 688	57.11%	新疆	934	2 181	42.82%
黑龙江	2 132	3 825	55.74%	四川	3 234	8 037	40.24%
内蒙古	1 372	2 473	55.49%	广西	1 842	4 602	40.03%
吉林	1 465	2 743	53.40%	河南	3 622	9 418	38.46%
重庆	1 530	2 885	53.03%	甘肃	919	2 561	35.88%
山东	4 762	9 576	49.73%	云南	1 596	4 598	34.71%
湖北	2 845	5 724	49.70%	贵州	1 174	3 469	33.84%
海南	431	868	49.68%	西藏	68	299	22.73%

数据来源：2010年国家第六次人口普查资料。

更进一步，根据第六次人口普查的数据可以得出结论：十年里，城镇人口自然增长对城镇化的贡献较小，而农业转移人口是城镇人口增长的主要来源。通过对第五次和第六次人口普查的数据分析发现，在1999年11月1日—2000年10月30日期间，城镇人口的出生率和死亡率分别为8.43‰和4.27‰，人口自然增长率为4.16‰，而到了第六次人口普查期间（2009年11月1日—2010年10月31日）城镇人口出生率下降到8.06‰，同时，城镇人口死亡率下降为3.87‰，自然增长率略增到4.19‰，取两次城镇人口的自然增长率的平均值4.175‰，并以2000年的城镇总人口作为基数，可以估算出到2014年城镇人口自然增长2 756.89万人，城镇人口自然增长的城镇化贡献为 9.51％。[①]

关于新增农业转移人口对过去 14 年城镇人口增长的贡献，测算方法具体如下：首先测算出农村人口自然增长率，由于全国人口自然增长率来自城镇自然增长率和乡村自然增长率两部分。2000 年城镇化率已经达到 36.22％，即城镇与乡村人口比重接近 4∶6。通过测算 2000 年到 2014 年间全国人口自然增长率平均为 5.59‰，分别对城镇和农村人口赋权重 40％ 和 60％，可以得到农村人口自然增长率为 6.53‰，比城镇人口自然增长率高 2.355‰。然后，以 2000 年农村人口为基数，以 6.53‰ 的人口自然增长率计算到 2014 年农村人口的规模，约为 8.85 亿，但是农业转移人口是流动的，实际农村人口为 6.19 亿，即 14 年间共减少了 2.66 亿。因此，14 年间，农业转移人口对城镇化的贡献达到了 91.72％。[②] 而根据汤姆·帕尔默等对 2007 年中国乡村转移人口的测算，农业转移人口增加到 2.278 亿，农村转移到城镇人口占城镇新增人口的比重达到 84％。[③] 相比之下，最近 7 年，农村转移人口对城镇新增人口的贡献率又提高了 7.72 个百分点，这说明中国从 2000 年至今的城镇新增总人口中，有 9/10 来自农村，城镇人口自身的增加仅仅占到 1/10。由此可见，中国农业转移人口的规模是巨大的，对中国城镇化进程的影响值得重视，特别是对以农民工为主体的特殊转移人口更应该高度关注。

表 4-5 显示了自 2010 年以来农民工规模的变化。可以看出，农民工总量在不断增加，人口从 2.4 亿增加到 2014 年的 2.7 亿，年均增长约 793 万人，从构成上看，外出务工仍是大多数农民工的选择。而在外出农民工中，举家

---

① 测算方法来自：刘世锦. 中国经济增长十年展望（2013—2022）：寻找新的动力和平衡［M］. 北京：中信出版社，2013：456.

② 国内统计部门既没有发布城镇与农村的人口增长率数据，也没有系统发布乡城人口迁移的数据。本书在现有数据资料统计口径和学者的测算方法基础上，从人口自然增长率角度推算农业转移人口对城镇化率的贡献。城镇人口自然增长率代表城镇居民的自然增长率（不包含转移人口的市民化），测算方法借鉴刘世锦主编的《中国经济增长十年展望（2013—2022）：寻找新的动力和平衡》，中信出版社，2013 年第 456 页。然后，根据全国人口自然增长率来自城镇人口自然增长率和乡村人口自然增长率两部分，分别按照 0.4 和 0.6 的权重，推算出乡村人口的自然增长率。最后，以 2000 年乡村人口为基数，计算到 2014 年乡村人口与预测人口数量之差，得出 14 年间乡村人口向城镇转移的人口规模为 2.66 亿人。

③ 详细测算过程参见：汤姆·帕尔默，冯兴元，毛寿龙. 通往和谐发展之路：国民利益政策报告［M］. 北京：电子工业出版社，2012：20.

外出的农民工比重呈现出稳定增长的趋势，由 2010 年的 25.04% 逐步增长到 2014 年的 27.02% 。

表 4-5　我国农民工规模变化　　　（单位：万人）

	2010 年	2011 年	2012 年	2013 年	2014 年
农民工总量	24 223	25 278	26 261	26 894	27 395
1. 外出农民工	15 335	15 863	16 336	16 610	16 821
（1）住户中外出农民工	12 264	12 584	12 961	13 085	13 243
（2）举家外出农民工	3 071	3 279	3 375	3 525	3 578
2. 本地农民工	8 888	9 415	9 925	10 284	10 574

数据来源：2014 年全国农民工监测调查报告。

　　在增长速度上，如图 4-5，2010—2014 年农民工总规模、外出务工和本地农民工增速均有下降，农民工总量增长速度由 2010 年最大值 5.4%，降到 2014 年的 1.9%，说明我国农业剩余人口并不是源源不断的，可向城镇输入的农村劳动力要素也变得紧缺。本地农民工的增长速度由最大值 5.9% 下降到 2.8%，但本地农民工增速仍快于外出农民工的 1.3%。

图 4-5　农民工总量增速变化

数据来源：2014 年全国农民工监测调查报告。

　　2012 年提出的"有序推进农业转移人口市民化"议题，不仅引起了党中央、国务院、各级政府对农民工、农民工随迁子女及空巢老人的重视，而且也成为了社会学、经济学研究的热点和难点。鉴于以上对我国城镇化率、农业转移人口对城镇化的贡献率及农民工规模巨大的综合认识，本书认为，农业转移人口的市民化是推动"以人为核心"的新型城镇化顺利实现的最重要方面。

4.3.2　农业转移人口承担市民化成本的能力不足

根据 2.2.3 节梳理的现有文献，我国农业转移人口市民化过程面临巨额成本，既包括需要个人支付的城市生活成本、住房成本、城镇居民社会保障成本、随迁子女教育成本等，也包括由政府负担的新增城市管理成本、公共服务成本、基础设施建设成本及社会保障支出成本等。对有意愿成为市民的农业转移人口而言，需要承担的市民化成本远高于农业转移人口家庭经济收入所能承担的范围，因此造成我国人口的城镇化速度低于土地的城镇化。究其原因，主要是因为农业转移人口的经济收入不高而市民化成本又过于高昂。造成我国农业转移人口市民化过程中收入不高的因素主要有以下几个方面。

1) 农村人口占总人口比重下降的速度低于农业总产值占 GDP 比重下降的速度，造成农业转移人口第一产业收入增长缓慢

一般来说，一国或地区迅速城镇化和工业化的过程中，作为一个较为普遍的规律，农业生产总值在 GDP 中的比重必然日益下降，第二、第三产业的比重必然上升，并成为支柱产业。与此同时，农村人口在总人口中的比重也随之下降。当农村人口在总人口中比重的下降速度超过农业生产总值在 GDP 中的下降速度时，农民的相对收入就会得到改善；当农村人口在总人口中比重的下降速度等于农业生产总值在 GDP 中的下降速度时，农民的相对收入变化不大，至少不会恶化；但是，当农村人口在总人口中比重的下降速度远远慢于农业生产总值在 GDP 中的下降速度时，农民的相对收入就会减少。

根据国家统计局公布的数据，最近 20 年我国农业总产值占 GDP 比重下降的速度在 2007 年之前（2004 年除外）远大于农村人口占总人口比重下降的速度，随后七年略有改善，并在 2007 年、2010 年和 2014 年基本持平，在 2011—2013 年间乡村人口占总人口比重下降速度略高于农业总产值占 GDP 比重下降的速度，具体如图 4-6 所示。农业人口向外转移的速度低于农业总产

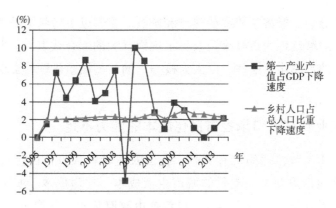

图 4 – 6   农业总产值占 GDP 比重下降速度与农村人口占
总人口比重下降速度对比

数据来源：国家统计局官网。

值占 GDP 下降的速度，将直接造成农村剩余劳动力的相对过剩，劳动力生产
要素在农村地区的滞留，使得人均农业产出相对下降，劳动力生产效率相对
低下。特别是在农业现代化、机械化不断推进的今天，农业生产所需要投入
的劳动力要素不断减少，更多依靠人机作业而不再是简单的人力劳动。因此，
在农业总产值占 GDP 总比重下降的同时，引导和促进农村人口向城镇加速迁
移，通过二、三产业吸纳转移劳动力，将直接提高劳动力要素的生产效率，
并有助于改善城乡人口结构，促进农民增收。

2）城乡人口结构变化滞后于三次产业结构变化，造成农业转移人口城镇
就业困难

城乡人口结构变化滞后于三次产业结构变化，直接造成我国人口城镇化
速度滞后，而这种城镇化滞后又会进一步导致中国三次产业内部结构的失衡。
后者表现为中国的服务业无论是对 GDP 的贡献还是吸纳农业转移人口的能力
都远远低于世界平均水平。目前，世界各国第三产业占 GDP 比重的平均水平
为 68%，2014 年我国第三产业占 GDP 的比重只有 48.2%；在第三产业吸纳
就业人口的能力上，2000 年世界平均水平为 45%，而中国到 2007 年才达到这
个水平，按照中国总人口 13 亿计算，约能创造出新就业机会 1.69 亿个，极
大地促进农业转移人口在城镇的就业。根据姚明明、陈丹（2013）对我国产
业结构调整和就业结构转变的分析，三次产业结构对 GDP 增长贡献率中，第
一产业最低，平均为 4.8%，并呈现出波动下降的态势；第二产业贡献率最

高，平均为5.17%；第三产业平均为43.5%。而在吸纳就业能力上，第一产业虽然呈现出逐年下降的趋势，但仍然是吸纳人口就业能力最大的产业，直到2011年，我国第三产业吸纳就业的比例首次超过农业；第二产业在促进人口就业方面的贡献率始终低于第一、第三产业。

当前，我国产业结构调整过程中，第二、第三产业对经济增长的贡献越来越大，也吸引了大量农村劳动力进城务工，对改善农民收入产生了积极作用。但是，这种作用仅仅是"吸引"而不是"吸纳"，产业结构的调整，将很多农村剩余劳动力吸引成为处于"亦工亦农"状态的"农民工"，而非彻底成为产业工人，农村劳动力在城乡之间"候鸟"式迁徙，并没有使得城乡人口结构发生实质性改变。因此，为实现农业转移人口彻底市民化，需要从根本上改变他们的"农民工"身份，在产业结构调整的过程中，创造更多的就业岗位，促进农村剩余劳动力职业身份真正转变为第二、第三产业工人，才能保持城乡人口结构变化同步于产业结构变化。

3）土地制度改革滞后，土地红利未能给农业转移人口带来资产收益

我国现行的土地制度明确规定，当城市扩张需要将城郊农业用地转变为城市建设用地时，必须办理农用地转用审批手续，而地方政府在土地配置过程中成为城市土地所有权交易的唯一买家和卖家。严格地以行政的手段配置生产要素，往往导致低效率，因为，一方面存在行政目标与社会需求严重脱节现象，常常造成政策目标的非理性，另一方面则是行政计划手段无法反映土地市场的真实供求价格。前者意味着，政府主导的土地资源配置主要用于提高地方GDP产出的资本密集型和土地密集型产业，如利用廉价征地，片面实施超前的城市规划，大兴土木，规划开发低容积率和高居住面积的住房建设。通过促进这些产业的大规模发展，名义GDP增长了，而对能够大量吸纳劳动就业的服务业，特别是有助于吸纳农村劳动力的低端服务业，却十分排斥。这种政策目标的非理性，往往造成大量土地的莫名征用，造成城郊农民被迫市民化。后者用行政手段配置土地资源，虽然可以通过土地征收和"招、拍、挂"制度进行土地交易，但是由于土地垄断的存在，使得散布于全国各地的土地拍卖市场相互之间都是完全割裂的，并不具有全国性、统一性，因而"招、拍、挂"方式反映的土地价格信号是失真的，导致土地资源配置的低效率，更不可能从制度层面上保障农民的土地权益。相反，"招、拍、挂"制度下造成地价的节节攀升，各地方政府作为土地的唯一卖家，从理性的

角度，必然追求以高价出售本地土地的使用权，当开发商拿到高价土地后，并没有动力开发建造满足中低阶层和农民工支付得起的房屋，而是建造更为昂贵的楼盘。因此，高地价和高房价共同造成了农业转移人口市民化的高成本。

虽然土地制度改革的红利在不断释放，但是对农民而言，无法凭借土地财富进入城市，对土地的使用权反而因为城市化遭到大规模的廉价剥夺。现行土地制度，也导致了地方政府难以从"与民争利"的政府转变为服务型政府，农民一方面无权参与区划和城镇规划决策，也不能自由地向土地市场提供土地；另一方面，地方政府对农民土地财富的公然剥夺，也引起了大量征地冲突和贪腐寻租行为。如，2009 年 1 月至 2010 年 7 月，全国检察机关立案查办国土资源领域职务犯罪案件 1 855 件，其中贪污贿赂犯罪 1 609 件，渎职犯罪 246 件；大案 1 303 件，县处级以上干部要案 178 人。① 由此可见，政府主导下的土地制度，在一定程度上造成了土地使用的低效率、土地征用的盲目性，使得房价和房租偏离自由市场均衡价格并难以自我纠正，同时，农民的土地收益权受到严重损害，并没有从土地改革中获得促进其城镇化的红利。

4.3.3 农业转移人口市民化"两步转移"问题突出

不可否认，在各种制度性和非制度性因素限制下，我国农业转移人口市民化过程以两阶段式为主要特征的"两步转移"也取得了显著的成果，如通过努力跨越阻碍人口流动的城乡壁垒，城镇化率逐年攀升；农村人口通过成为农民工增加了家庭人均收入；地方政府的征地活动促进了城镇基础设施的完善，等等。但是，随着经济发展、社会进步，两阶段式农业转移人口市民化模式正暴露出越来越多的弊端，甚至威胁到城镇化的健康发展与经济结构的调整优化。

1）两阶段市民化模式导致了虚假的城镇化率

我国农业转移人口，先从农民身份转变为亦工亦农的农民工身份，再进一步成为市民；或者先从农民身份转变为失地农民，再逐步融入城市实现市

---

① 《最高检：切实加大查办和预防国土资源领域职务犯罪力度》，2010 年 8 月 22 日，http：//www. dayoo. com/roll/ 201008/ 22/10000307_ 103322221. htm。

民身份，两阶段市民化模式在很大程度上导致了城镇化率的失真。我国城镇化率以城镇常住居民（居住时间大于 6 个月）为测算指标，在这个城镇化率指标中，其实隐含了很大部分市民化不彻底的农民工群体。如，2014 年国家公布的中国城市化率达到了 54.77%，而同年进城务工农民工群体约有 2.7 亿之巨。一部分研究认为国家统计局公布的城镇化率存在高估的情形。根据中国社会科学院 2013 年 7 月 30 日公布的《中国城市发展报告》（No. 6）显示，综合测算下 2011 年我国农业转移人口市民化程度仅 40% 左右。周密、张广胜（2012）通过对沈阳、余姚地区的农民工抽样调查，使用 Biprobit 模型，估计出新生代农民工平均市民化程度约为 73%。如果按照城镇常住人口中的农业转移人口市民化程度平均为 40% 推算，2014 年我国真实的完全城镇化率只有 42.93%，比国家公布的常住人口城镇化率低 11.84 个百分点，差额部分为约 1.62 亿仍然处于未完全市民化状态的城镇常住农业转移人口。而按照农民工市民化程度为 73% 计算，则 2014 年真实的完全城镇化率为 49.44%，仍然低于国家公布的城镇化率 5.33 个百分点。魏后凯、苏红键（2013）也对现行城镇化率统计口径和真实城镇化水平之间的差异表达了同样的观点，认为 2012 年我国户籍人口城镇化率约为 35.29%，要比以常住人口计算的城镇化率（52.57%）低 17.28 个百分点。

2）两阶段市民化模式造成了公民权利同工不同酬、同城不同权的尴尬局面

两阶段式农业转移人口市民化过程，导致大部分进城农业转移人口市民化不彻底，出现农业劳动力非永久性迁移。这部分人口在未取得城市户籍之前，多数集中在迁入地次级劳动市场，从事的多为脏活、危险的劳动密集型工作，不仅工作时间长、工作强度大，而且总体工资水平明显低于本地劳动力，甚至时有拖欠工资现象发生，如表 4-6 所示。农民工日工作超过 8 小时的比重占到 40% 以上，而周工作超过 44 小时的高达 84% 以上，说明他们能够获得周末休息的比例不足 15%。而在建筑业存在较大比例拖欠工资的现象，其他行业就业拖欠工资的比重不大且逐年较大幅度下降。

表 4-6　农民工工作强度和部分行业拖欠工资比例　　（单位:%）

项　目	2013 年	2014 年	增减变动
日工作超过 8 小时的比重	41.0	40.8	-0.2
周工作超过 44 小时的比重	84.7	85.4	0.7

续表

项　　目	2013 年	2014 年	增减变动
建筑业拖欠工资比重	1.8	1.4%	-0.4
制造业拖欠工资比重	0.9	0.6%	-0.3
交通运输、仓储等拖欠工资比重	0.9	0.4	-0.5
住宿、餐饮业拖欠工资比重	0.6	0.3	-0.3

数据来源：《2014 年全国农民工监测调查报告》，国家统计局。

另外，户籍制度背后的社会福利差距也造成两阶段式农业转移人口同城不同权的现象，虽然有些地方进行了户籍制度改革，不区分城镇户口和农村户口，但实际上城镇居民的各项民生权利已依附在了另一种载体——住房产权之上。最为明显的是随迁子女的受教育权利，不同的房产取得时间或地区，对子女择校有很多的影响。户籍制度与嵌入其中的就业和社会保障的福利性制度，仍旧在城镇居民与农民工之间存在较大差异。农村外来人口进城，在社会公共服务和社会福利方面远没有享受到市民同等待遇，社会保险参与率低，社区权利缺失，职业培训、权益保障水平低，导致工资、福利水平和公民权利低于城镇职工。

3）两阶段市民化模式伴随着多种社会问题

目前，我国农业转移人口中大部分还是以农民工进城务工为主，多数来自农村的青壮年劳动力，这部分人群又以已婚已育为主体，但父母和子女大多还是留在农村，于是留守儿童、妇女和空巢老人等问题伴随而生。根据2013 年全国妇联发布的《我国农村留守儿童、城乡流动儿童状况研究报告》的披露，2013 年全国农村留守儿童比 2005 年增加了约 242 万人，达到6 102.55万人，占农村儿童总量的 37.7%，占全国儿童总量的 21.88%。并且，近1/3 农村留守儿童与祖父母一起居住，3.37% 的农村留守儿童单独居住。这种隔代监护的监护人，平均年龄为 59.2，且监护人受教育程度很低，绝大多数为小学文化程度。① 叶敬忠等通过对陕西、宁夏、河北和北京地区10 个村子的留守儿童调查得出结论，大部分留守儿童的饮食和衣着区别不大，但隔代监护人对留守儿童的照顾欠佳；留守儿童劳动负担普遍加重，休闲娱

---

① 此处使用的"隔代监护"并不是严格法律意义上的监护，而是泛指农村儿童在父母外出务工期间，交由祖父母或外祖父母代为照料和看护的状态。

乐时间减少；当留守儿童生病时，增加了监护人的心理压力，影响到照顾效果；留守儿童与父母相对疏远的程度与分离时间相关，等等。[①] "空巢老人"现象的存在，也内生于大量农村青壮年劳动力携家带口进入城镇打工，留下亟待赡养的老人守着农田和老院子，忍受着孤独和思念之痛。同时，这种亲人分离的生活状况，也严重影响着农业转移人口的家庭生活质量，无论是对留守儿童、"空巢老人"，还是外出务工者都是一种精神层面的伤害，造成现代家庭功能的缺失，甚至发生社会问题。

4）两阶段市民化模式限制了内需的扩大

以城乡分割为制度特征的户籍管理方式，将农业转移人口在社会保险、子女教育、医疗、社会福利等方面阻隔在城市社会保障体系管理之外，这导致他们缺少城市生活的安全感，在城市消费的欲望受到抑制。从城乡居民家庭人均消费现金支出占家庭人均可支配收入的比重上看，城镇家庭居民人均消费现金支出占人均可支配收入的比重要高于农村家庭人均消费现金支出占人均可支配收入的比重，如图 4-7。前者平均值约为 72.58%，后者平均值为 65.54%。

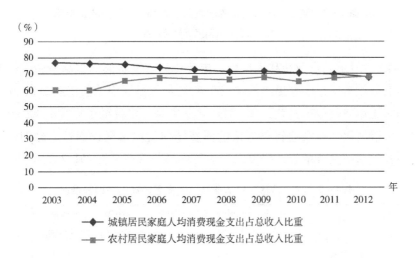

图 4-7　城乡居民家庭人均消费现金支出占总收入比重

数据来源：国家统计局官网。

---

① 张晓山，李小云，Peter Ho，杜志雄. 转型中的农村发展：城乡协调发展的新战略［M］. 北京：社会科学文献出版社，2009：159.

而在人均可支配收入方面，城镇家庭居民的收入水平大约是农村居民家庭收入水平的3.2倍；在人均消费现金支出方面，城镇家庭居民的消费水平大约是农村居民家庭消费支出水平的3.5倍，如图4－8。

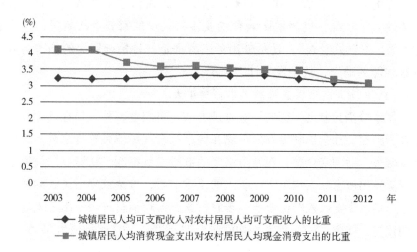

图4－8　城乡居民人均可支配收入、人均消费现金支出对比

注：数据来自国家统计局官网。

表4－7展示了农业转移人口彻底市民化后，消费倾向提高所带来的年度消费需求增长量。在国家提出的"三个1亿人"目标中，假定到2020年实现了1亿农业转移人口市民化，以2011年为基础，其后每年将有1 000万农业转移人口市民化，在农业转移人口的消费倾向与城镇居民保持一致时，即使他们的收入水平没有增长，仍可以带动年均消费需求增长451.7亿元。

表4－7　农业转移人口消费倾向提高后带动消费增长情况

	低收入组	中低收入组	中等收入组	中高收入组	高收入组
农民工家庭人均年收入（元）	9 828	16 380	22 260	29 112	59 820
农民工家庭人均年消费（元）	6 600	9 084	11 172	13 308	22 272
城镇家庭平均消费倾向（%）	79.2	69.3	63.0	60.9	57.1
消费倾向市民化后农民工家庭人均年消费（元）	7 781	11 358	14 016	17 738	34 129
农民工家庭人均年消费增长量（元）	1 181	2 274	2 844	4 430	11 857

续表

	低收入组	中低收入组	中等收入组	中高收入组	高收入组
各组别农民工数量（万人）	200	200	200	200	200
各组别农民工家庭市民化后带来的消费增量（亿元）	23.6	45.5	56.9	88.6	237.1
1 000 万农业转移人口市民化带来的消费增长总量（亿元）	451.7				

数据来源：《中国城市（镇）生活与价格年鉴（2012）》《中国流动人口发展报告（2012）》。

可见，农业转移人口一旦实现了彻底、完全的市民化，不仅能够提升农业转移人口的家庭人均收入，而且在提高家庭人均消费支出的过程中，对扩大国内消费需求、刺激经济增长具有重要的作用。

5）两阶段市民化模式削弱了城市发展的内生动力和活力

农业转移人口由农民先转变为农民工的过程，从微观看，多数是通过乡村中三五人在外地试探性打工，然后其他人跟随流入打工地的方式；宏观上是某些地区经济发展速度快、工业化水平高吸引农业人口流入。这种流动方式的最大特点在于人口流动形成规模的速度快——相互之间都是通过"熟人"介绍，很容易在本村或邻村之间传递信息，结成打工团体。当流入地具有较好的就业机会时，最先"试探性"流入的农业转移人口，返乡后通过口耳相传，再次返回打工地时，可能已经由初始的三五人形成三五十人的规模；而当流入地就业困难时，形成规模的农业转移人口将很快离开，并解散"打工同盟"，并等待下一次重新"结盟"。这种农业转移人口进入流入城市打工形成的结盟，具有结盟迅速、解散更迅速的特点，当农业转移人口不能永久性实现市民化时，劳动要素的脉冲式流动常常给城市发展带来人口冲击。近年来，在东南沿海出现的"民工荒"表象背后，其实是城市劳动力总量不足与人口流动地区结构不合理造成的。因此，非永久性的农业转移人口市民化，将削弱城市发展的内生动力，对城市活力产生间歇性冲击。

4.4.4 农业转移人口市民化进程中的"人的半城市化"问题突出

1）人的半城市化内涵

人的半城市化是城镇化过程中的一种突出的异化现象（何为、黄贤金，

2012）。城市化是一个长期的过程，从微观的角度来看，城市化的过程是乡村人向城市人转变的过程。城市人和乡村人可以看作"人"的城市化过程的两个端点，而人的半城市化就是处于两者之间的状态。我国学者王春光（2006）认为，人的半城市化指的是农村人口向城市人口转化过程中的一种不完整状态。而从实际的状态特征来看，"半城市化人"不仅仅包括处于中间状态的农村人口，同样也包括从小城镇向大城市迁移的城市人。

2）天差地别的两类"半城市化人"

城市化从机制上有自上而下和自下而上两种过程，从空间上包括原有城市的扩张与新城市的诞生。人的城市化过程也存在两类方式，一是乡村人口向城市迁移，二是本地乡村人口随着地区的发展逐步演变为城市人口。在这两个过程中，都可以出现所谓的半城市化人，然而这两类人的生存状况却是天差地别。"离土离乡"的半城市化人与"离土不离乡"的半城市化人，虽然同样身在这一过程中，境遇却不可同日而语。

第一类离土不离乡的半城市化人，这类人群只占了半城市化人群中的一小部分，并且多半分布在经济较发达地区的乡村地区或者是处在大中城市边缘的郊区或乡村。这一部分处在城市门口的人，在城市快速发展过程中，享受到了城市发展带来的土地增值的收益、基础设施扩张的收益等，甚至有相当一部分人成为百万富翁、千万富翁乃至亿万富翁。

另一类从乡村向城市迁移的半城市化人，可以说是离土离乡的半城市化人，准确地说是流动人口。这类人群是半城市化人群的主体，农民工是这类人群的典型代表。另外还包括大量的城市流动人口，如北漂族或南漂族，生活工作在北京、上海等大城市的城市人口，同样不能完全享有当地户籍人口的社会福利待遇。

部分半城市化人是城镇化过程中的难点与焦点，流动人口尤其是农村流动人口在城市生活的状态普遍较差，租借在狭小的房子或者工棚中，为生计奔波劳碌，遭受同工不同酬等不公待遇，却难以享受城市各方面的福利待遇；为城市缴纳税收，承受城市快速发展带来的物价、房价高涨的生活压力，却很难分享城市发展带来的收益。①

---

① 田莉，李永浮，沈洁，等. 城镇化与城乡发展 [M] . 北京：中国建筑工业出版社，2016.

4.4.5　农业转移人口市民化过程中的"城中村"问题亟待解决

1)"城中村"的界定

"城中村",顾名思义,即城市中的村庄。目前学术界对"城中村"的界定并没有统一的认识,人们对"城中村"的定义也往往停留在具体描述的层面上。本书认为"城中村"是指那些已经纳入城市总体规划所划定的城市范围之内,土地集体所有,行政上设立村民委员会且隶属于乡镇,居民为农业户口且在习惯上仍称为"村"的社区聚落。因此,一个行政村成为"城中村",至少应具有如下四个基本特征。从地域空间范围上看,"城中村"应该在城市总体规划所划定的城市范围之内。从土地的所有权来看,"城中村"的土地是集体所有而非国家所有,这一点是"城中村"的核心特征之一,也是"城中村"问题的核心所在。从行政体制上看,"城中村"的基层组织仍然是村民委员会、在行政隶属上仍然是乡镇体制。从居民的户籍上看,"城中村"的居民仍然是村民,"城中村"的居民仍为农业户口,在理论上他们仍然拥有耕地,虽然耕地的数量实际上往往很少甚至已经没有,居民的收入也往往来自非农业生产,如自建房出租、集体物业分红等。

因此,城中村是中国背景下独特的城市化现象——在城市空间快速扩展过程中避开或绕过近郊农村居民点,利用开发成本相对较低的农地、空地进行城市新区开发。这些新建地区成为城市的一部分,原有的村庄则仍然维持乡村管理模式,从而形成城市包围农村,城乡混杂的二元城乡景观、空间与社会结构。城中村存在于城市建成区范围内,在管理上仍属于乡村集体所有制的村庄建设用地地域范围;保留农村集体所有制、农村经营体制。因缺乏有效管理,城中村成为其他地区的农村剩余劳动力向城市转移的吸纳地,同时成为了城市中人群密集、问题复杂的特殊城市功能区,填补了廉租房市场的巨大空缺,并提供了大量的"非正规"城市就业机会。城中村的农村居住形态及经济形式在城市发展过程中,造就了我国快速城市化进程和社会经济转型过程中的三类群体:征地补偿较低的失地农民、受户籍制度限制不能享有住房保障的外来居民、难以承受高房价的本地中低收入居民。

2)"城中村"现象的深层分析

（1）城市工业化进程快速发展带来的城市在地域上的跳跃式发展

改革开放以后，我国的经济，特别是那些大城市和特大城市的经济快速发展，工业化进程进一步加快。而改革开放前各个城市的老城区功能分区不明确，混杂了大量的工业、服务、居住等用地，发展空间不足，环境不佳。因此，为了降低工业发展的成本，很多城市都选择到老城区之外的新区寻求发展，建立了大量的卫星城、开发区、工业园，甚至有些城市将城市中心或副中心转移到郊区。由于这些开发的新区往往在与老城有一段距离的城市郊区，因此，在它们和老城区之间区域分布的行政村就逐步形成了大量的"城中村"。

（2）我国城市化长期滞后于工业化直接促使"城中村"的形成

在中国的城市化进程和工业化过程中，城市化率始终落后于工业化率。城市化率明显偏低带来了严重的后果，体现在以下方面：①城市化的滞后阻碍了农村人口向城市转移。城市化的滞后影响了工业化的正常发展，而工业化又是农村人口向城市转移的有效途径。城市化发展的滞后为农村人口向城市转移设置了层层障碍，如户籍制度、社会保险和医疗保险制度等。城市化的滞后也阻碍了第三产业的发展，而第三产业是农村人口向城市转移的又一重要途径。②城市化的滞后导致了城市的管理缺位。城市管理缺位的具体表现为：城市生活环境的恶化，治安事件屡禁不止，城市土地利用率低，大量侵占农田。③城市化的滞后影响了国民素质的提高。由于城市化的滞后，导致农村人口比重过大，不利于国民素质整体水平的提高。大批农民被隔离到工业化过程之外，分享不到工业化带来的成果，使城乡居民收入差距拉大，进一步减少农民受教育的机会。

（3）土地所有权制度的"二元"结构是"城中村"形成的内生原因

土地所有权制度的二元结构即"城中村"的土地集体所有与城市土地的国家所有的二元结构。可以说，土地问题是"城中村"问题的核心，"城中村"问题的形成、发展乃至问题的解决都集中在这一点上。根据我国的宪法规定，"城市土地属国家所有，农村和郊区的土地，除法律规定属国家所有的以外，属集体所有，宅基地和自留地属集体所有"。因此，在这些"城中村"被纳入城市总体规划范围之内的时候，他们的土地保留了集体所有制。在这样的集体所有制下，农民原则上享有土地的占有、使用和收益权。为了便于农村集体所有土地的管理，我国的相关政策又规定了行政村享有土地非农使用的初审权，而"城中村"的一个重要特点就是土地的非农使用且地价昂贵。因此，在政策允许、政策空白和"上有政策、下有对策"的背景下，很多"城中村"都利用其土地的集体所有制和有利的区位积聚了大量的财富，村民和村集体形成了一个极具内聚力的利益共同体。在市场经济的大潮下，他们对作为经济来源的土地有着特别的敏感。同时，由于城市规划对集体所有制的土地无能为力，村民为了尽快获得更大的既得利益，极力抢占空间建房，以便在"城中村"的改造到来之前获得更大的收益，并在"城中村"改造时获得更多的国家补偿。这一切都给"城中村"改造带来了巨大的成本。

3）城中村的特征

城中村最初在空间上都位于城市边缘的近郊或郊区，其中有部分城中村随着城市化推进及城区扩张而改变了区位条件，成为城市中心区的一部分，一些城中村因其所处城市的大环境及经济条件而形成"外生式"房屋租赁经济与非正规商业，甚至工业集聚。

城中村随着经济的发展和城市的扩张，在全国范围先后出现。从总体趋势来看，20世纪90年代，以珠三角为代表的东部沿海地区城市的城中村大量形成，并于90年代末逐步趋于稳定；随着中部崛起和中央政府"西部大开发"战略的实施，90年代后期，中西部地区城市经济发展加速，城市快速扩张，城中村大量出现。

东部沿海地区，以广东省为例，作为中国市场化改革先行地区，广东省经济相对发达，以加工业和制造业为主的各类企业吸纳了来自全国各省的外来中低端劳动力就业，巨大的租房需求促进了城中村非正式房地产租赁市场的形成。相对高的房租收益使广州、深圳等城市的城中村的收益最为显著，城中村建筑密度和容积率不断提升，违章建筑现象突出。

中、西部地区城市化进程相对滞后，经济增长速度、产业集聚与人口集聚度较东部低，除部分大城市建成区的城中村形成了房屋租赁市场外，大部分城中村仍保持原有社区与经济形态。同时，由于中、西部地区城中村的形成高峰时期大多在国家加强土地宏观调控政策（2003年）之后，集体土地征用及拆迁成本高涨，使得中、西部地区的城中村分布普遍比东部地区更广，数量更多。

（1）空间特征

中国的城中村在每个城市以及同一城市的不同区位中的表现，既有普遍性，也有特殊性。从城中村的区位及其与城市发展的关系来看，城中村可归纳为下述几类：①城市建成区内。这类城中村形成时间较早，空间及社会经济条件相对成熟，由于区位相对良好，住房租赁需求旺盛，居住密度高，建筑密度及容积率都相对较高。②主城建成区边缘、规划建成区范围内。由于处在城市扩张地带，此类城中村仍处于发展阶段，空间及社会经济条件变化较频繁，因交通条件、低廉的租金等因素集聚外来人口，居住密度较高，往往伴随衍生经济，如小型加工业的发展。③规划建成区外，规划区范围内。因外来人口很少，这类城中村基本还保留原有的空间特征及社会经济条件，环境脏乱不堪，以单家独户为特色，各户之间互不相连，但间距极小，以致村内建筑密度往往高达70%以上甚至90%，采光、通风等条件极差，加上道路狭窄、弯曲，难以满足消防要求，一旦失火，势必火烧连营，隐患极大。此外，还有道路等级低、配套设施不足、市政建设落后等特征。

（2）组织特征

村集体经济组织（村委会或以村委会名义成立的股份公司）在城中村的管理中起着重要作用，并承担了大量社会职能。珠三角部分大城市的城中村虽然纳入了城市街区组织管理体制，但其实质上的村组织集体经济体系并未改变。

（3）社会特征

城中村的社会特征呈显著的二元结构社区特征，外部的二元结构表现为城中村与城市整体的关系；内部的二元结构表现为稳定的城中村原住民与流动的外来人口之间的关系。除商业外，社区中的各种社会组织、社会福利及文化活动基本只惠及原住民。村集体组织负责社区管理，外来人口没有参与社区事务及管理的途径。

（4）经济特征

对原住民而言，城中村的经济主要由房屋租赁市场构成，分为村民自主经营的住房出租，以及村集体组织经营的工业或商业用房出租。对外来人口而言，不同城市及不同区位的城中村情况不一。以住宅租赁为主的城中村中，外来人口的经济活动相对较弱。工业及商业用房租赁较多的城中村里，则出现了较多的以外来人口主导的"外生式"经济，如北京的"浙江村"、武汉"长丰村"等。

4.4.6　部分地区农业转移人口市民化的速度落后于城市现代化水平

　　西方国家和社会所倡导的城市化（或市民化）是"内生型"的，城市化进程依靠民众和企业的自发参与，依靠劳动要素参与市场分配，利用价格信号的引导，参与城镇化是基于利益增量和成本增量的权衡，然后自由做出是否市民化决策。在人口、资本、土地等要素能够自由流动的市场导向城镇化过程中，土地的城镇化速度和人口的城镇化速度基本保持一致，同步进行。也就是说，随着城市基础设施建设的不断现代化、城区面积的不断扩大和工业园区功能的不断完善，城市会自动增强对农村人口的吸收、消化能力。同时，农村转移人口的市民化也为城市发展提供了更充沛的劳动力和更深厚的人力资本，从而在人口集聚效应作用下，促进城市现代化水平的提升。

　　根据上面的"内生型"城镇化，可以看出城镇化的真正内涵，其实包含一个两维过程：一是人口市民化率的提高，二是城镇的不断现代化。前者的任务是吸纳农业转移人口进城定居，这部分人口不仅仅指农村剩余劳动力、"农民工"，还包括其家人的团聚和人口的再生产，从而提高城镇人口占总人口的比重；后者任务在于完善城市功能，提升城镇居民生活水平和丰富社会文化生活内容。如图 4 - 9 所示，L_1 代表了人口城镇化过程中，城市化率和城市现代化水平保持的合理比例。在这一比例上，能够实现产城融合、人地融合，城市的产业集聚和人口集聚效应恰好充分发挥，城市人口规模恰好由集聚效应带来的边际收益曲线和边际成本曲线的交点决定。L_2 代表了城市化率高于城市现代化的速度，容易引起过度城市化，AB 表示给定城市化水平下，城市现代化水平的缺失程度。过度城市化往往是农村人口向城镇过度集中，造成城市承载能力不足，甚至劳动要素在城市和农村分配不均，农业生

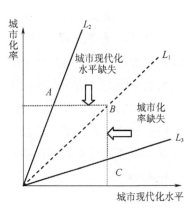

图 4 - 9　人口城镇化的二维过程

产滞后、农田闲置和撂荒等，引起粮食、蔬菜等供不应求。过度城市化问题常常表现为"城中村"、贫民窟、棚户区等。L_3 代表了城市现代化速度快于人口的城镇化，BC 表示在特定城市现代化水平下城市化率的损失。城镇建设和

发展快于人口城镇化的速度，往往造成城区人口密度很低、房屋空置率很高，服务业发展滞后、就业创造能力不足，"空城""鬼城"现象频出。对发展中国家而言，如果城镇现代化水平超前于人口的城市化速度，所走的城市化道路本质上是土地密集型或资本密集型，而非劳动密集型，必然造成城镇人气不足，发展动力缺失，甚至扩大城乡差距，失去了城市化的真正意义。

不幸的是，我国当前大部分地区的城镇化就处于 L_3 所描述的局面。正如著名的区域经济和城市规划权威代表陈栋生所言："中国城市化的主要问题是化地不化人。"① 土地的城镇化速度超过了人口的城镇化速度，是近十年来我国城镇化推进的主要特征，也是造成农民被动城镇化的根本所在。2005—2013 年间，我国城镇建成区面积年度增长率始终大于或等于城镇人口增长的速度，前者年度波动幅度并不大，年均增长率为 5.18%，并且最大值为 2011 年的 8.85%，最小值为 2008 年的 2.33%；后者基本保持平稳增长速度，并且年均增长速度为 3.36%，最小值为 2013 年的 2.71%，最大值为 2007 年的 4.02%。从征地面积增长速度与城镇人口增长速度上看，征地面积增长率的波动较大，但是仅有 2005 年、2007 年和 2013 年征地面积增长率为负值，且低于城镇人口增长率，但是在其他年份，征地面积增长速度都为正值且远大于城镇人口增长的速度。从增长趋势图看，2008—2012 年间，征地面积的增长速度基本保持在 10% 以上，年均为 12.23%，不仅远高于年均 3.36% 的城镇人口增长速度，而且高于同比年均 4.77% 的城镇建设用地增长率近 2.6 倍，说明这一时期，征用农地的扩张对城市建设用地面积增长的贡献最大。大规模、超前的征用农地用于城市规模扩张，既造成了大量宝贵良田、农用地、农村宅基地转变为城市建设用地，又迫使耕种、生活其上的农民不得不改变现状，而被迫放弃农地使用权和农民身份，转变为城市居民，并在城市寻求工作机会。

4.4 本章小结

本章内容首先从历史纵深角度，并结合我国城镇化率的增长趋势，对农

---

① 语出 2010 年 12 月 18 日陈栋生先生在安徽大学召开的"第四次全球产业转移浪潮下皖江城市带产业承接战略与对策国际研讨会"上发表的主题演讲。

业转移人口市民化的历程做了详细回顾，分析了改革开放前后我国政治、经济和制度、政策等方面的重要事件对我国农业人口转移造成的影响。然后，在此基础上分析了进入 21 世纪，在政府不断深化对城镇化认识的"顶层设计"下，农业转移人口市民化过程中表现出的阶段性特征，如由粗放型的以"物"为重心的城镇化向以"人"为核心的新型城镇化转变；农业转移人口市民化的方式也由主动单一型向主被动复合型转变；国家城镇化政策对农业转移人口市民化具有深刻的历史影响及农业转移人口市民化呈现出两步转移特征等。

在第三节部分，详细分析了我国农业转移人口市民化的现状及存在的一些问题、困境等。当前，我国农业转移人口已经成为新型城镇化顺利推进的主力军，但是农业转移人口收入水平又受到城乡人口结构、产业结构、就业结构和土地制度改革等因素的影响，农业收入、非农收入和财产性收入增长缓慢，难以弥补市民化过程中产生的成本，造成农业人口向城镇转移十分缓慢。而"两步转移"的市民化模式又造成我国城镇化率失真、农民工群体同工不同酬和同城不同权，限制了内需扩大和城市活力等。因此，如何有效分担农业转移人口市民化过程中产生的成本成为不可回避的重要问题。

第 5 章

农业转移人口市民化成本分析

我国农业转移人口市民化进程具有不同于西方近现代城镇化现象的特殊之处，一方面是由于我国独特的土地所有制度和城乡二元户籍制度，使得农业人口向城镇转移的制度障碍很大，这方面学者已经达成了共识（辜胜阻等，2014、2009；厉以宁，2009；周其仁，2014、2004；张晓山，2006）；另一方面是由于农业人口向城镇转移的成本太高（中国发展研究基金会，2010①；张继良、马洪福，2014②），既包括城镇提供的公共发展成本，也包括农民家庭跨越制度障碍的私人发展成本。当前我国农业转移人口已经成为城镇人口增长的主要来源，是推动新型城镇化顺利进行的主力军，但是在"两步转移"的市民化模式下，农业转移人口市民化又面临诸多弊端和问题，如城镇化率失真、引发留守儿童和妇女等社会问题、限制内需扩大等，再加之农业转移人口收入增长缓慢，不能完全承担市民化过程中产生的高昂成本。因此，新型城镇化进程中，农业转移人口成本问题成为顺利推进"人的城镇化"的重要瓶颈，同时农业转移人口市民化过程中所产生成本的来源及其分担成为了亟须研究的重要课题。本章从定性和定量两个角度对农业转移人口市民化成本进行分析，为后面章节进一步研究农业转移人口市民化成本分担机制奠定基础。

5.1　农业转移人口市民化成本产生的影响因素

　　我国农业转移人口市民化成本的产生是多方面因素综合作用的结果，但是总体而言，可以分为两个方面的因素：制度因素和非制度因素。制度因素包括城乡二元户籍制度、城乡分割的土地制度和不均等的社会保险制度；非制度因素包括城市融入困难、经济发展权缺失、政治发展权缺失等。

5.1.1　二元户籍制度约束

　　我国长期实行的城镇和农村二元结构的户籍管理制度，是导致农业转移人口市民化成本产生的最主要原因。户籍制度本身是一种人口治理手段，但

---

　　①　中国发展研究基金会报告（2010）称：中国当前农民工市民化的平均成本在 10 万元左右。
　　②　张继良，马洪福. 江苏外来农民工市民化成本测算及分摊 [J]. 中国农村观察，2015（2）. 研究称江苏为实现农民工一次性市民化需要公共服务支出成本每人一生约为 92.7 万元。

是在不同户籍成分背后承载了差异巨大的社会福利。城镇户籍的居民能够享受经济社会进步带来的发展成果和现代化服务、教育等，而农业转移人口及农村居民则很难享受到高水平的社会福利。对农业转移人口特别是已经进入城镇半年以上从事非农就业的农民工而言，居住在同一个城市，但是不能享受到同等的福利，导致他们从心理上难以融入城市环境，比较突出的问题包括看病贵、看病难，以及随迁子女的教育问题。非城镇户籍人口在社会保障方面不能完全按照城市户籍标准参与基本的医疗保险、养老保险，或者能参与但要缴纳更高的保险费用、择校费用等。

在户籍制度约束下，转移到城市的农村劳动力在福利待遇方面受到很多歧视。体制外的农村剩余劳动力与城市福利无关，加之长期生活习惯和文化认同感的不同，使得农业转移人口很难融入城市的经济、社会、组织中。户籍制度所形成的"制度壁垒"，使得农业转移人口在城乡之间转移过程中呈现出"两阶段模式"：职业—户籍错位阶段、职业—户籍匹配阶段。前者表现为农业转移人口市民化过程中的初始阶段，在该阶段，农业转移人口逐步实现了职业身份的转变，即由全职务农的职业身份转变为第二、第三产业工人，或兼业状态下的半工半农，但是在户籍上仍然属于农村户口；后者是真正市民化阶段，既实现了职业身份的转变又实现了户籍状态的转变，成功融入城市，实现了劳动力由农村到城市的彻底转移。户籍制度作为一种"制度供给"，使城市户口比农村户口更具有含金量。但是，仅仅从制度的角度分析户籍制度的优劣，并不能真正揭示户籍制度作为"制度供给"所形成的在城乡之间的福利分配差异。

因此，二元户籍制度下，不同规模的城市对农业转移人口落户的限制存在很大差别。大城市、特大城市户籍包含的社会福利水平更高，但对农业转移人口落户而言，需要更加高昂的落户成本。以上海为例，农民想要落户必须先获得蓝印户口 3~5 年（获得蓝印户口的条件是在本市投资 100 万元以上或者购买符合标准面积的商品住宅）再申请为常住户口，经批准后按规定缴纳城市建设费。这些类似规定在其他省会城市也有。对农业转移人口而言，这种制度上的落户成本是难以承受的。当然，在中小城市不会有如此高的城镇户籍取得成本，然而这只是现象而非问题的本质。本质是城乡分割的二元户籍制度造成城乡公共服务不均等，徒增了农业人口向城镇转移的额外成本。

5.1.2 土地制度及土地市场约束

我国现行的《土地管理法》规定，农村土地属于农村集体所有。农民凭借其"社员权"获得集体土地的承包权，如失去农民身份则同时失去土地承包的权利。我国农村土地产权的界定并不清楚，农村土地使用权流转市场发育也很不完善，土地承包法难以得到真正的贯彻和执行。《土地管理法》规定，农村宅基地所有权属于农村集体所有，农民对宅基地只具有使用权，这表明农民对属于个人所有的房屋具有处置权，可以自由转让、买卖，但对宅基地却没有处置权。农业转移人口的市民化，意味着农业人口脱离农村向城镇实现永久迁移，其原有农村户籍名下的土地承包权及宅基地将收归农村集体所有。对农业转移人口而言，这样的土地制度安排无非是增加农业转移的机会成本，特别是在农地市场不能提供有效的流转收益和农用地转建设用地的收益。土地权利不能流转或流转中获利太低，以近乎无偿的方式放弃土地收益权利，直接影响了农业转移人口市民化的意愿，也不符合农业人口向城镇转移的利益分配原则。

因此，现行的土地制度和对土地承包权流转和宅基地处置权的缺失，造成农业转移人口市民化过程中土地的机会成本太大，农业人口不愿无偿放弃土地收益而坚定地选择市民化。

5.1.3 城乡社会保障制度差异

我国的社会保障制度已经存在了 30 多年，在这期间经过了多次改革与调整，已经初步建立起了相对完备的社会保障体系。从全国社会保障体系的结构看，包括了城市企业职工社会保障制度、机关事业单位职工社会保障制度、农村居民社会保障制度及军人社保体系等。但在农业转移人口或农民工社保体系方面尚为缺失。即使现有的城乡社会保障制度也存在很大差异，缴费标准、投保年限、资金发放与管理等各方面均存在不同。对农业转移人口而言，这形成了"一座大山"。以缴费标准而言，城市职工的养老保险由单位、个人共同缴纳，缴费比例在二者之间进行分配，但农村居民没有这份保险，或者很少参与这部分保险，通常为"养儿防老"或"以地养老"。而当农业转移人口向城镇转移时，通常会被要求提供养老保险单，这也增加了其市民化成本支出。

农业转移人口，特别是已经在城市工作的农民工，其参与社会保险的比例很低（见表5－1）。工伤保险参保比例高，恰恰说明了农民工在城镇从事的高危行业较多，而住房公积金参与比例最低，说明有意愿在城镇购房的群体并不多。即使将来有市民化的倾向，但由于保险费用大小及缴费年限的限制，造成这部分费用也是不小的支出，会增加他们的经济负担。

表5－1　2014年农民工参与五险一金的比例　　　　　　（％）

	工伤保险	医疗保险	养老保险	失业保险	生育保险	住房公积金
合　　计	26.2	17.6	16.7	10.5	7.8	5.5
其中：外出农民工	29.7	18.2	16.4	9.8	7.1	5.6
本地农民工	21.1	16.8	17.2	11.5	8.7	5.3
比上年增加	1.2	0.5	0.5	0.7	0.6	0.5
其中：外出农民工	1.2	0.6	0.7	0.7	0.5	0.6
本地农民工	1.0	0.4	0.3	0.9	0.8	0.4

　　数据来源：国家统计局公布的《2014年全国农民工监测调查报告》。

5.1.4　就业制度不健全

　　如前所述，进入城镇就业的农业转移人口多集中在非正规部门劳动力市场，从事的职业以体力劳动为主要类型。这部分就业部门的作业环境大多劳动安全条件差、劳动保护措施不全或者职业病、工伤事故多发。不健全的就业制度，是造成这种现象出现的直接原因，但也是引起农业转移人口市民化成本增加的间接原因。城市就业服务机构的不健全，导致劳动供求信息发布不及时，增加了农业转移人口在城镇就业的"搜寻成本"。特别是地方政府为保护本地就业，形成歧视性的就业安排，更是增加了农业转移人口在城镇就业的难度，导致工资性收入不高，更无法承担市民化的高昂成本。

5.1.5　经济发展权缺失

　　发展权是个体和集体基于持续而全面的发展需要，而共同获取的促进彼此机会均等和利益共享的权利。① 农业转移人口进入城镇后，面临的经济发展权的缺失，是造成农业转移人口市民化成本的又一原因。经济发展权的缺失表现在农业人口在城镇获得经济发展机会的不均等和经济发展成果分享的不充分（赵德起、姚明明，2014）。从经济发展机会上看，进入城镇的农业转移人口集中就业在非正规部门，这些部门工作环境差、待遇不高，即使能够进入正规部门就业，也被限制在边缘职务，与城镇职工相比，存在难以逾越的鸿沟。从长远来看，这种情况限制了农业转移人口的职业生涯发展。在分享经济发展成果方面，即再分配过程中，由于资质或歧视因素，他们又被排除在参与分配的范围之外。同时，在购房、投资等领域，农业转移人口面临可供购房区位、贷款或抵押等方面的障碍，增加了真正成为市民的过渡成本。

5.1.6　政治发展权缺失

政治发展权缺失主要体现在农业转移人口不能充分参与城市的政治活动，没有便利的渠道申诉自己的利益诉求，或者缺失制度构建权、行为控制权、价值主导权方面，导致难以参与迁入城市的农业转移人口政策的制定，选举权和监督权等不健全。农业转移人口在城镇政治发展权的缺失，既造成了农业人口向城镇转移中面临诸多制度性成本的阻碍，增加了市民化成本支出，又降低了农业转移人口市民化过程中承担市民化成本的能力。政治发展权缺失的后果间接表现为城市规模越大，对农业转移人口市民化成本的要求越高。

5.2　农业转移人口市民化成本的构成

在农业转移人口市民化成本构成的研究方面，不同的学者从不同的角度，对其进行了全面、丰富的分类和概念界定。本书在第一章文献综述部分进行了详细总结和梳理，在此不再赘述，仅仅从本书研究的需要出发，将农业转移人口涉及的所有成本从大类上分为私人发展成本和社会发展成本。私人发展成本是指农业转移人口从农业家庭状态转变为城镇市民过程中，需要支付

---

① 联合国人权委员会：联合国大会第 41/128 号决议《发展权利宣言》第 1 条第 1 款、第 2 条第 1、2 款。略有改动。

的高于在农村生活的资金数量。这部分成本具体包括但不限于城镇生活成本、迁移成本、城市融入成本（如住房成本、人际交往成本等）、随迁子女教育成本、放弃土地的机会成本、社会保障成本、失业风险成本等。社会发展成本是指在农业转移人口市民化过程中，为满足新进市民的工作和城市生活需要，带来城镇公共物品和社会服务及福利费用的增加量。它具体包括但不限于城镇基础设施建设成本、城市管理成本、教育成本、社会保障支出、就业培训费用等。

5.2.1　社会发展成本

社会发展成本在不同的文献中有不同的称谓，有的称之为公共成本（丁萌萌、徐滇庆，2014；姚毅、明亮，2015），有的称之为社会成本（张国胜，2009），也有学者称之为外部成本（杜海峰等，2015）。本书将其称为社会发展成本，是从市民化成本分担意义的角度进行界定的。农业转移人口或家庭的市民化是经济社会进步的表现，工业化或现代化程度高的国家，市民化率或城镇化率都达到相当高的水平。而中国虽然成为了世界第二大经济体，但是城镇化率仅达到世界平均水平左右，这与大国身份极不相称，说明我国的城镇化过程或农业转移人口市民化过程存在诸多困境或障碍，长期市民化的"中国路径"根源于各种制度障碍，由此带来市民化成本高昂。农业转移人口虽然进入了城市，从事非农就业，增加了家庭收入，但是出现"流而不迁"或非永久城镇化现象，既造成城镇人口规模的巨大波动，也引起社会问题的不断出现，如农村留守儿童、空巢老人等社会问题，这不是城镇化进步的正常表现。因此，社会发展成本是由我国各种社会、经济制度造成的历史沉淀成本，这些几乎都是政府应该负担的（诸如社会公平问题）公共支出。只有将阻碍农业转移人口市民化的社会成本分担了化解了，才能体现城镇化的高质量、高水平。

本书将农业转移人口市民化过程中的社会发展成本具体分为城镇基础设施建设成本、城市管理成本、义务教育成本、住房保障成本、社会保障与促进就业成本等。这部分成本有的具有公共物品的属性，即非排他性和外部性，如城市提供的公共物品和服务；有的具有排他性和内部性，如企业向雇佣的农业转移人口发放的公积金或保险金等。每一项具体含义如下：

城镇基础设施建设成本是农业人口流入地政府为保障和改善新入人口的

物质文化生活需要，而在原有城镇设施的基础上新增投资支出。

城市管理成本是指人口迁入地政府为满足农业转移人口的公共事务管理需要，而新增投入的管理人员工资、管理设施购置与各种其他物质消耗成本支出，包括一般公共服务、公共安全、环境保护等费用。

义务教育成本是指农业转移人口家庭在义务教育范围内的随迁子女，从农村迁入城镇接受教育，所增加的迁入地政府教学设施和教学资源的投入资金。

住房保障成本指与农业转移人口流入之前相比，流入地政府为满足新流入人口的居住需要所新增住房投资。

社会保障与促进就业成本是指政府和企业为促进农业转移人口在城镇就业稳定和基本保障需要，而新增的养老保险、医疗保险、失业保险、工伤保险、就业培训等费用支出。

5.2.2　私人发展成本

私人发展成本，是相对社会发展成本而言的，主要是农业转移人口为了优化和促进人力资本的有效配置，在城镇化过程中发生的人力资源从农村向城镇流动过程中额外增加的成本。具体包括新增城镇生活成本、住房成本、失去土地使用权的机会成本、社会保障成本等。各项具体含义如下：

城镇生活成本是指农业转移人口在从农村向城镇转移过程中，由于城镇物价水平普遍高于农村，为了维持生计而产生的额外支出，此外还包括交往等产生的成本支出。交往成本是指农业转移人口进入城市生活后，为拓展人际关系或熟悉生活环境，与人交往过程中建立新的社会关系所产生的一定支出。

住房成本是指农业转移人口在城市居住所产生的费用支出。

失去土地使用权的机会成本是指农业转移人口彻底实现市民化后，造成原在农村集体的土地使用权、宅基地使用权丧失而产生的损失，它本质上是一种机会成本概念。这其中主要是指失去土地承包经营权、宅基地使用权、集体收益分配权等所造成的相应收益的损失。

社会保障成本支出指农业转移人口在城镇就业和生活后，所支出的高于在农村支出的社会保障费用的数量。

5.3 农业转移人口市民化成本的基本特征

5.3.1 分担主体多元性

农业转移人口市民化的成本不能由农业转移人口独自承担，其成本分担主体应该是多元的。从上面的分析可以看出，农业转移人口市民化成本产生的原因是复杂的，既有制度的因素也有非制度因素的影响，而这些因素所涉及的经济社会主体是多样性的，包括中央政府、流入地政府、流出地政府、农业转移人口就业的企业及其他社会组织。从外部性角度看，现行体制下农业转移人口市民化的成本是二元体制的产物，农业转移人口对流入地做出了贡献，但难以享受相应平等的公共服务。这种正的外部性来自农业转移人口市民化的过程，影响到的主体包括中央政府、流入地和流出地政府、企业和社会。因此，国家、地方政府、农业转移人口个人、企业和社会组织都应成为农业转移人口市民化成本分担的主体。从农业转移人口市民化成本的规模上看，农业转移人口市民化成本涉及的范围广、成本高，不是单独的某一个经济主体所能承担的，因此也需要分担主体的多样化。

5.3.2 多样性和分层异质性

农业转移人口市民化成本之所以具有多样性，是因为学者对其概念界定和内容范围没有统一的认识。不同的角度或划分方法，总能把农业转移人口市民化成本分成各种类别。如，从成本形态上，可以分为经济成本和非经济成本，经济成本包括人口转移过程的交通费、城市生活费、房屋租金或购房支出、新增城市管理费、公共服务费等；非经济成本则包括环境生态成本、制度变迁成本及城市融入过程中的精神或心理成本等。从时间跨度上，又可分为短期成本和中长期成本。其他的分类还有显性成本和隐性成本、公共成本和私人成本等。

农业转移人口市民化成本的分层异质性特征，首先受到农业转移人口群体自身分层异质性特征的影响。林亦平、周应堂等（2015）认为随着社会分化程度的加快，农业转移人口不再是同质的，其原有结构的思维方式、价值观念的变化必然也随之分化与重新整合。从人本主义角度出发，马斯洛提出了人的需求层次是有高低之分的，从低到高依次是生理需求、安全需求、感情需求、尊重需求与自我实现的需求。对农业转移人口而言，不同群体在不同的发展阶段和不同的环境下，需求的层次也是存在差异性特征的。虽然从共性的角度看，农业转移人口作为一个整体，需求层次仍遵循由低到高不断追求满足的动态、递进过程，并且在某一个固定的历史阶段和特定环境下，都要做出一个静态的选择，差异只在于非此即彼的侧重性选择而已。但是，从农业转移人口群体组织的内部需求结构而言，不同农业转移人口的需求层次有很大的差异。这是因为：一方面，基于其农业生产与生活经历，安全需求并没有因为农业转移人口从事非农产业而降低，反而得到进一步强化。与农业生产状态完全不同的是，农业转移人口在城市生活中保障制度的社会性缺失，使得他们缺少"自给自足"带来的生存安全感，城市生活节奏的加快及社会预期的差异，总会让他们感到融入社会远没有想象中那么容易，部分人口逆城市化现象存在也从侧面印证了这一点。另一方面，农业转移人口受教育程度的异质性，特别是新生代农民工比上一代农民工接受教育程度普遍较高，导致不同群体内部需求层次的进一步分化。具有较高素质的农业转移群体有较高的收益，更倾向于追求自我实现的需求，低收入者则倾向于低层次需求的满足。需求层次追求的差异，造成投入的成本和精力也不同，进而影响到农业转移人口市民化成本的分层异质性。

5.3.3　动态积累性

农业转移人口市民化成本的动态积累性，主要表现在两个方面：①农业转移人口市民化成本的形成具有动态积累性。长期城乡分割的二元户籍制度、城乡社保体系建立的不同步性及公共服务的不均等化，都在导致农业转移人口向城镇转移的成本不断积累，成本的形成是长期城乡差距扩大的动态积累，具有沉淀积累的属性。②农业转移人口市民化成本并不需要一次性支付，而是在时间轴上的缓慢、动态累积的过程。以养老保险为例，农业转移人口进入城镇后，职工养老保险并不会造成地方财政支出压力的瞬间增加，而是当其退休开始领取养老金后才开始显现。在养老保险调整后，流入地政府很可能需要进行补贴，从而使得其成本具有动态累积性。

5.3.4 外部性与收益伴生性

由于农业转移人口市民化既是社会现象又是经济现象，而且市民化进程本质是人口向城镇的集聚，势必对城市承载能力、城市管理水平甚至生态环境等造成压力。农业转移人口市民化过程，首先会对城市土地及附着在其上的各种服务（如道路、公共交通、照明路灯、学校、医院、供水供电等公共设施）产生需求，这部分都具有公共物品属性，即非排他性和外部性。根据中国社科院城市发展与环境研究所出版的《中国城市发展报告》的估算，以当前城镇建设的投入成本计算，农业转移人口市民化的公共成本约为1.3万亿元。如此巨大的公共成本，而且是具有公共物品属性的成本，其外部性特征愈加明显。此外，人口向城镇集聚，会产生更多生活垃圾、需要更多水资源，城市生活垃圾的处理和水资源的保护等生态环境成本，也具有显著的外部性特征。然而，这部分成本不是孤立存在的，它既可表现为外部正效应，也可以表现出外部负效应，关键在于解决的途径是否得当。如，生态环境成本，如果政府和社会组织介入及时并采取恰当的成本分担方式，如向农业转移人口提倡节约用水、保护环境、分类回收垃圾等文明生活方式……能在很大程度上促进生态环境成本的降低，甚至通过成本分担方式实现新的收益。

5.3.5 测算可行性

农业转移人口市民化成本，虽然是基于各种制度性和非制度性因素的影响而产生的，但是这些因素的影响可以直接或间接地通过经济数据进行测算。较多的学者对此进行了尝试和探讨，不同学者的测算结果不尽相同，这是因为每位学者采用的视角或考察的成本范围不同引起的，但至少在很大程度上表明了受到多重复杂因素影响的农业转移人口市民化成本具有可测算性。因此，最重要的问题是对测算方法和测算范围的严格界定。

5.3.6 可分担化解性

既然农业转移人口市民化成本具有经济上的可测算性，那么根据测算的范围和影响因素，总能找到引起市民化成本产生的源头。一旦查明了市民化成本产生的源头，既可以根据谁受益谁承担的原则进行分担，也可以从社会公平正义的角度进行平权。通过"化整为零"、循序渐进、明确收益主体的方式，能够对市民化成本总量进行不同主体间的分担和化解，最终解决因市民化成本巨大而无法承受之重，促进农业转移人口跨越经济掣肘，有序向城镇转移。

5.4 农业转移人口市民化成本定量分析：以浙江省为例

5.4.1 测算方法说明与目标省份选取

农业转移人口市民化成本的测算是进行市民化成本分担的基础。但在具体测算范围和测算结果上，由于学者对农业转移人口市民化成本的界定范围、测算年份和测算方法的不同，得出的农业转移人口市民化总成本存在明显差异，如表 5-2 所示。

表 5-2 农业转移人口市民化成本各种测算举例

测算年份	测算视角	测算方法	测算结果	出处
2015	江苏省农民工市民化	2013—2020 各年度累积加总	11 462.08 亿元	徐建荣
2015	四川、重庆、成都、乐山四地农民工市民化	财政支出与城镇人口、农村人口的 OLS 回归	人均 4.19 万元 ~ 16.48 万元	姚毅、明亮
2015	沿海和内陆城市新生代农民工	公共成本分项计算后加总	人均 21 万元 人均 16 万元	李俭国、张鹏
2014	全国农民工市民化	公共成本当前核算	人均 4 024.77 元	丁萌萌、徐滇庆
2012	宁波农民工市民化	城乡公共服务成本差额加总	年均 128 亿 ~ 241.7 亿元	申兵
2011	广东省新生代农民工	25 岁后年度累积	人均 119.7 万元	广州市社科院
2010	全国农民工市民化	公共成本加总核算	人均 10 万元	中国发展研究基金会
2006	全国人口城市化	公共服务成本增量	特大、大、中、小城市分别 10 万元、6 万元、3 万元和 2 万元	武汉大学战略管理研究院

从上述有代表性的农业转移人口市民化成本测算研究文献看，在测算方面至少存在以下几点缺陷：第一，在公共成本测算范围上，采用了较为笼统的划分方式甚至没有划分，如社会保障方面统一为由政府提供，而没有考虑企业及农民工个人分担部分。第二，成本测算的方法上，并没有把已经支出的和尚需支出的成本区分开，而是都作为成本进行测算，如在农业转移人口由参与新型农村合作医疗转到参加城镇医保时，应该取城乡二者的差额，而非取城镇参保的全额，大幅增加了政府在社会保障方面补贴的支出数额。第三，在成本测算的时间长度上，没有把当期成本与远期成本区分开，农业转移人口市民化成本，具有动态累积性，当期成本才是农业转移人口市民化所发生的真实成本，而远期成本受贴现率、通货膨胀率等因素的影响，易造成测算的不准确。有些学者测算成本的时间延伸到 2020 年，这一方面造成测算结果的失真；另一方面，造成测算的无意义，因为对农业转移人口而言，市民化成本只发生在成为市民的过程中，一旦成为了市民，即使以后在城镇生活的年限再长，也不存在市民化成本的问题，因为他们已经融入城镇，照章纳税，所有的成本支出已经内生于市民生活之中，不存在分担的问题。第四，在测算方法上使用的逐年累积方法其实是不科学的，农业转移人口市民化成本应该是一个流量的概念，而非存量概念，在测算上除了使用城乡居民各项支出的差额概念外，还应该使用"边际概念"，即农业转移人口市民化成本是一单位转移人口所带来的私人发展成本和社会发展成本总和的增量，而非持续性的存量。

为改善上述农业转移人口市民化成本测算方面的不足，本书以农业转移人口市民化前后引起当期各项成本变动之差为测算思路，即计算当期市民化前后各项成本的变动值。然后将各项变动值相加，得到每一单位农业转移人口市民化的成本额，其实是一个边际概念，即增加一单位农业转移人口，引起市民化成本总量的增加值。最后，通过借鉴学者的研究思路，建立较为完备的农业转移人口市民化成本测算指标体系，对农业转移人口市民化的各项成本进行测算。

由于我国农业转移人口众多，且在东中西部地区存在很大差异，如果以全国为例显得过于宽泛、没有针对性。因此本书选择以浙江省为例，测算农业转移人口市民化成本的规模，对农业转移人口市民化的成本进行测算。之所以选择浙江省作为例子，是因为浙江省是我国农业转移人口（特别是农民工）集中流入大省，2011 年浙江省拥有农民工 2 100 万人，占全国农民工就业总数的 1/10 以上，最近几年，随着浙江民营经济愈发活跃，更是吸引了大量省内外农民工步入打工行列。[①] 这使得浙江省在农业转移人口市民化成本测算方面更加具有持续研究的价值。图 5－1 列出了 2013 年流动人口集中流入的前十个地区，统计口径采用的是居住在本地半年以上的户籍在外地的流动人口。可以看出，浙江省流动人口的流入规模仅次于广东省，列为第二位。

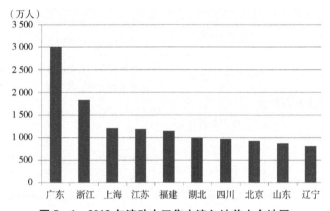

图 5－1　2013 年流动人口集中流入地前十个地区

数据来源：《中国统计年鉴 2014》，抽样比 0.822‰。

5.4.2　指标体系构成与前提假定

对农业转移人口市民化成本构成的界定，本书将其从大类上分为私人发展成本和社会发展成本，这是从农业转移人口的主体地位上做的划分。对农业转移人口而言，成本要么自己承担，要么由社会承担，能够自己承担的就是具有排他性特点的私人发展成本，或称为内部成本；而由社会承担的部分，是具有外部性特征的外部成本。当然，也存在一些成本既需要个人承担又需要社会承担，如社会保障。至于如何在不同主体之间进行分担，后文将做详尽研究。在这里，私人发展成本部分内容较为隐蔽、难以识别和度量，但本书尝试细分为隐性成本和显性成本。具体三级指标体系如表 5－3 所示。其实，从农业转移人口市民化成本产生的原因角度看，随迁子女的教育成本和基

---

① 虽然广东省仍是农民工流入的第一大省，但是对农民工市民化成本的研究已经日臻完善，本书不再拾人牙慧，转而以更加具有潜力的浙江省为例，进行农业转移人口市民化成本测算。

础设施建设成本实质是二元户籍制度的福利差异造成的成本；土地的机会成本实质是现行土地制度及土地约束引起的成本增加；社会保障成本则来自城乡社会保障制度差异引起的成本；就业培训成本是就业制度不健全引起的市民化成本增量；经济发展权缺失引起公共管理成本和住房成本增加，等等。

表 5-3　农业转移人口市民化成本指标体系

一级指标	二级指标	三级指标	具体含义	拟分担主体
私人发展成本	显性成本	生活成本	农业转移人口从农村到城镇日常生活多支出的各项费用总和	农业转移人口及其家庭
		住房成本	农业转移人口家庭市民化后居住较之前所改变的成本	
		社会保障成本	城乡社保水平不一致时，多支出的份额	
		子女教育成本	较农村就读，城镇就读所增加的成本	
	隐性成本	土地机会成本	放弃土地使用权后造成的收益损失	
社会发展成本	公共服务成本	城市管理成本	地方政府为新增农业转移人口提供一般公共服务、公共安全及节能环保等方面多支出的成本	中央及地方政府
		基础设施建设成本	政府为改善农业转移人口物质文化生活而增加的财政支出	
		教育成本	与农业转移人口市民化之前相比，多投入的教育资源等投入的成本	
		保障住房成本	为农业转移人口提供住房保障增加的成本支出	
		社会保障与就业成本	向农业转移人口提供的社会保障及就业服务新增的资金支出	
	企业成本	就业培训成本	企业为农业转移人口提供技能培训较市民化之前增加的支出	企业
		社会保障成本	企业为农业转移人口缴纳的社会保障资金较市民化前所增加的支出	

此外，在进行具体测算之前，本书做如下假设：①测算是根据当期发生的费用支出，即在数据可得性下，采用了 2014 年公布的统计数据，不考虑货币的时间价值。②在农业转移人口规模上，采用国家统计局公布的居住在城镇半年以上但户籍不在本城镇的人口，浙江省农业转移人口在 2013 年为 2 226 万人。③农业转移人口家庭的少年儿童抚养比采用国家平均水平，即每个农民工抚养 0.498 个少年儿童，且家庭户均人口采用国家平均水平 3.9 人，农民工所抚养的人口比例同国家平均水平，每个劳动力抚养 0.714 个非劳动力，且随农民工同时市民化。④农业转移人口市民化为永久市民化行为，户籍转变为城镇户籍，放弃农村所有集体土地使用权，由此带来土地使用权的机会成本，包括在市民化成本测算之中。

5.4.3　私人发展成本测算

农业转移人口市民化的私人发展成本，主要是指农业转移人口或家庭从农村生活与工作，转移到城镇生活或工作过程中所发生的额外成本支出。从浙江省农业转移人口来源的属地看，既有来自本省的也有来自全国其他省份的，造成农业转移人口在农村的人均消费水平存在很大差异，因此，为避免测算结果存在更大误差，测算农业转移人口在农村生活与工作状态时的消费支出，采用全国平均水平，数据来自《中国统计年鉴 2014》。而对农业转移人口市民化后的城市生活与工作支出，则采用浙江省城镇居民的消费水平作为依据，数据来自《浙江统计年鉴 2014》。两者的对比见表 5-4。

表 5-4　浙江省城镇居民家庭和全国农村家庭人均消费支出对比

（单位：元）

	消费性支出总额	食品	衣着	居住	家庭设备、用品和服务	医疗保健	交通通行	文教娱乐
浙江省	23 257	8 008	2 235	2 005	1 401	1 244	4 568	2 849
全国	6 626	2 496	438	1 234	387	614	796	486

数据来源：《浙江统计年鉴 2014》《中国统计年鉴 2014》。

1）生活成本

生活成本，是农业人口从农村转移到城镇，为达到与城镇居民相当的平均消费水平，而多负担的资金支出。生活成本是农业转移人口市民化过程中必须发生的，与市民化过程直接相关，在内容上包括日常吃、穿、用、行、娱乐等方面的消费支出。由于流入到浙江省的农业转移人口属地不尽相同，有的来自东部其他省份，有的来自中西部欠发达省份，所在属地的不同，引起在农村的人均消费水平存在很大差异。因此，为避免在这部分测算存在较大误差，采用"浙江省城镇居民平均消费支出"与"全国农村居民人均消费支出"之差，作为浙江省农业转移人口市民化的生活成本。根据《浙江统计年鉴 2014》和国家统计局官网公布的数据，分别获得 2013 年浙江省城镇居民平均消费支出（扣除居住成本、医疗保健和文教娱乐支出）为 17 159 元，全国农村居民居住自有住房，因此消费支出包含的居住成本可忽略不计，农村居民的平均消费支出（扣除医疗保健成本和文教娱乐）为 5 526，因此浙江省农业转移人口市民化的生活成本为人均 11 633 元。

2）住房成本

如前所述，农业转移人口在进入城镇之前，居住在自有宅基地，并不需要支出租金。进入城镇以后，需要有稳定的住所，租房或买房以实现与城镇居民同样水平的居住条件。所以这部分差额来自浙江省城镇居民人均消费支出中的居住费用，2013 年度为人均 2 005 元。

3）社会保障成本

在社会保障成本测算方面，根据《浙江统计年鉴 2014》获得城镇居民家庭社会保障方面的人均支出为 1 244 元，而我国农村居民家庭社会保障方面的人均支出为 614 元，则农业转移人口进入城镇后个人需要多缴纳的社会保障费用为人均 630 元。

4）子女教育成本

关于子女教育成本的核算，只关注农业转移人口随迁子女的义务教育成本支出。目前我国城乡教育资源分配方面存在很大差异，随迁子女进入城镇后要面临择校费用、后续培训费用等方面的支出。这部分差额成本的测算可以根据城镇居民家庭中的教育成本支出与农村居民家庭的教育成本支出作为依据。2013 年全国农村居民家庭人均文教娱乐支出为 486 元，浙江省城镇家庭人均文教娱乐支出为 2 849 元，因此农业转移人口市民化的子女教育成本的支出为人均 2 363 元。

5）土地机会成本

农业转移人口的土地机会成本是因为放弃土地及宅基地使用权而造成的

家庭经营性和财产性收入的损失，也包括国家对农民生产经营的补贴性收入。这部分机会成本采用国家统计局公布的农村居民家庭人均纯收入中的家庭经营性收入、财产性收入和转移支付收入三部分，共计人均 4 871 元。

5.4.4　社会发展成本测算

农业转移人口市民化的社会发展成本是在农业转移人口向城镇转移时所发生的公共服务额外支出和企业所承担的就业培训及社会保障支出的费用。这部分成本属于外部成本，不需要农业转移人口承担，而是由政府和企业承担。

1）城市管理成本

城市公共管理成本主要来自财政支出中的一般公共服务、公共安全和环境保护等方面的支出。2013 年浙江省城镇人口规模为 3 519 万人，城市公共管理成本支出为 984.8 亿元，人均城市管理成本为 2 799 元。

2）基础设施建设成本

基础设施建设投资包括水利、环境和公共设施，电力、燃气及水生产供应，交通运输，邮电通信和卫生设施的投资。2013 年浙江省完成基础设施投资共计 4 465 亿元，人均 12 688 元。

表 5 - 5　2013 年浙江省基础社会建设成本（不包括教育设施投资）

（单位：亿元）

基础设施建设 总成本	水利、环境和 公共设施	电力、燃气及 水生产供应	交通 运输	邮电 通信	卫生 设施
4 464.76	1 759.15	845.89	1 450.34	62.35	118.52

数据来源：《浙江统计年鉴 2014》。

3）教育成本

农业转移人口市民化的教育成本，是人口流入地政府为满足随迁子女的义务教育，提供教育资源及教育设施所增加的成本支出。在具体测算上，不能简单使用城镇教育总投入除以在校生数量而得到人均值，因为许多农业转移人口的随迁子女已经在城镇就读，属于政府已经支出的教育资源成本。测算的主体是留守在农村的适龄义务教育儿童和少年在向城镇转移过程中，由于城乡教育资源分配上的不同，引起的城乡中小学教育经费差额。教育经费支出包括事业性经费支出、基础建设支出，主要数据来自《中国教育经费统计年鉴（2012）》公布的数据。①

表5-6　部分省市城乡义务教育经费支出差距　　（单位：元）

	城镇普通小学教育生均经费	农村普通小学教育生均经费	城乡小学教育生均经费差额	城镇普通初中教育生均经费	农村初中教育生均教育经费	城乡初中教育生均经费差额
北京	24 920.45	27 262.67	-2 342.22	37 826.6	47 365.17	-9 538.21
上海	21 183.50	15 121.30	6 062.20	25 224.46	20 605.57	4 618.89
广东	6 067.42	4 858.06	1 209.36	6 525.80	4 788.33	1 737.65
浙江	9 668.21	9 687.54	-19.33	13 430.41	13 246.86	183.55
山东	5 706.54	5 423.16	283.38	9 065.46	8 728.80	336.48
辽宁	8 659.43	8 731.84	-72.41	12 007.12	11 267.10	730.21

数据来源：《中国教育经费统计年鉴（2012）》。

表5-6列示了部分省市城乡义务教育期间教育经费支出的差距。城乡初中教育经费差距最大的是北京市，特殊现象是农村普通初中教育的生均经费大于城镇。在小学教育经费差距方面，最大的是上海市，上海市城乡小学教育生均经费差额达到6 062元。对浙江省而言，城乡教育经费的差距较小，小学教育期间农村普通小学的生均教育经费高出城镇教育经费19.33元，而在初中教育期间又低183.55元，因此在九年一贯制教育下，城乡生均教育经费的差额是164.22元。

4）社会保障与就业

浙江省较早实行了新农合制度，从2003年实行新农合试点到2014年，参保人数从831万增加到2 586万人，参合率达到了97.7%。近12年间共有5.7亿人次享受到新农合补偿，报销医药费用685亿元。2013年，浙江省财政支出中，社会保障与就业支出为397亿元。到2015年1月，浙江省公布了新的医保政策，实行城镇居民、新农合医保并轨，从2015年起，城乡居民基本医疗保障各级财政补助标准提高到每人每年400元以上。② 这对省内农业转

---

① 目前能够获得的教育经费方面的统计数据，只能搜集到2012年的相关数据。

② 数据来源：http://health.zjol.com.cn/system/2015/01/15/020463810.shtml#。

移人口而言并无差异，不存在城乡医保保障范围和金额方面的差别，也就失去了市民化过程中年医疗保障成本核算的意义。但是，鉴于输入到浙江的农业转移人口大部分非浙江省内农村人口，在此以农业转移人口在城镇就业、适用城镇职工社会保险方面的人均成本测算，以 2013 年浙江省城镇职工的平均工资 56 571 元作为社会保险的年缴费基数，根据《浙江省人力资源和社会保障厅关于发布 2014 年全省在岗职工年平均工资的通知》做出的调整，企业、个人和政府社会保险缴费比例的规定如表 5 - 7 所示。

表 5 - 7　浙江省城镇在岗职工社会保险缴费比例

类型	政府缴费比例	企业缴费比例	个人缴费比例	比例小计
养老保险	8%	14%	8%	30%
医疗保险	—	8%	2%	10%
失业保险	—	2%	1%	3%
工伤保险	—	1%	—	1%
生育保险	—	0.8%	—	0.8%
住房公积金	—	8%	8%	16%
总计	8%	32.8%	19%	58.8%

根据 2013 年浙江省城镇在岗职工年度平均工资为 56 571 元作为缴费基数，得到浙江省农业转移人口市民化社会保险人均成本测算结果。可以看出，由政府承担的人均社会保险成本为 4 526 元，企业承担的人均社会保险成本为 18 555 元，个人缴费为 10 748 元，如表 5 - 8 所示。

表 5 - 8　农业转移人口市民化产生的社会保险人均成本　单位：元

类型	缴费基数	政府缴费	企业缴费	个人缴费	小计
养老保险	56 571	4 525.68	7 919.94	4 525.68	16 971.3
医疗保险	56 571	—	4 525.68	131.42	5 657.1
失业保险	56 571	—	131.42	565.71	1 697.13
工伤保险	56 571	—	565.71	—	565.71
生育保险	56 571	—	452.57	—	452.57
住房公积金	56 571	—	4 525.68	4 525.68	9 051.36
总计	—	4 525.68	18 555.29	10 748.49	33 263.75

在就业扶持或培训成本方面，浙江省虽然推出了"千万农民素质提升工程"，为农业人口提升素质提供了重要途径，但是这方面投入的资金并不明确，因此，在农业转移人口市民化就业培训成本方面，采用城乡居民受教育年限差，乘以年度人均教育投入获得。根据浙江省社科院测算的城乡居民平均受教育年限差距为1.14年，2013年浙江省城镇居民年度人均教育支出为3 970 000/3 708 = 1 071元，农业转移人口成为市民需要就业教育人均多支出培训成本为1 221元，由政府和企业共同分担。

5）保障性住房

根据《浙江省人民政府办公厅关于加强保障性安居工程建设和管理的实施意见》，公共租赁住房建设要严格执行建设标准。① 本书取均值50平方米作为保障性住房的居住面积。表5 - 9列示了2011—2013年间浙江省住宅类商品房销售情况。一般而言，保障性住房的价格比同地段普通商品房低20% ~ 30%，本书假定低30%。2013年浙江省城镇商品住房价格为11 041元/平方米，保障性住房的价格为7 728.7元/平方米，以50平方米住房居住农业转移人口家庭3.84人计算，保障性住房的成本支出为100 634元/人。这部分成本需要政府投入为主。

表5 - 9 2011—2013年浙江省住宅类商品房销售概况

年份	2011	2012	2013
住宅类商品房销售总额（万元）	34 741 706	42 626 643	53 960 320
销售面积（万平方米）	3 531.4	4 005.3	4 887.0
均价（元/平方米）	9 837.941	10 642.56	11 041.6

数据来源：2011—2013年度《浙江统计年鉴》。

5.4.5 农业转移人口市民化成本测算结果

根据以上统计年鉴数据及测算方法，计算出增加一单位农业转移人口进入浙江省成为市民，所增加的私人发展总成本为2.314 8万元，社会发展总成

---

① 根据规定，单套建筑面积应根据保障对象的实际情况合理确定，最大不得超过60平方米。用于新就业职工保障的公共租赁住房单套建筑面积以40平方米以下为主，满足基本居住需求。详见http://www.hzft.gov.cn/gb/hzft/zcfg/czwj/czps/201205/t20120529_136733.htm。

本为 14.058 7 万元，农业转移人口市民化总成本为 16.373 5 万元。具体测算结果如表 5 - 10 所示。

表 5 - 10　浙江省农业转移人口市民化测算人均总成本

一级指标	二级指标	三级指标	人均成本（元/人）	拟分担主体
私人发展成本	显性成本	生活成本	11 633	农业转移人口及其家庭
		住房成本	2 005	
		社会保障成本	630	
		子女教育成本	2 363	
	隐性成本	土地机会成本	4 871	
私人发展总成本			21 502	—
社会发展成本	公共服务成本	城市管理成本	2 799	地方政府
		基础设施建设成本	12 688	
		教育成本	164	
		保障住房成本	100 634	
		社会保障	4 526	政府
		就业成本	1 221	企业
	企业成本	就业培训成本		企业
		社会保障成本	18 555	
社会发展总成本			140 587	—
农业转移人口市民化总成本			162 089	

　　综上所述，一单位农业转移人口成为浙江省市民引起的私人发展成本和社会发展成本总额约 16.2 万元。这个数值低于李俭国、张鹏（2015）测算结果，高于中国发展研究基金会（2010）测算结果，与姚毅、明亮（2015）测算的成都市农业转移人口市民化所需财政支出基本相当。从本书的测算看，社会发展成本总额约是私人发展成本总额的 8 倍。社会发展成本是农业转移人口市民化成本的重要组成部分。这仅是一单位农业转移人口所产生的市民化成本，如果按照浙江省 2013 年流动人口 2 226 万人计算，则产生约 31 164 亿元的社会发展成本支出，是浙江省 2013 年全年财政收入的 4.5 倍。因此，农业转移人口市民化成本规模是巨大的，亟须采取分担措施，促进农业转移

人口有序市民化。

5.5 本章小结

本章研究的主要内容包括以下三部分：

首先，从制度性和非制度性角度，分析了我国农业转移人口市民化成本（简称市民化成本）产生的原因。市民化成本的产生不是偶然的、自发的，而是来自我国长期实行的土地制度、城乡分割的户籍制度、社会保障制度等。经济社会中各种制度性和非制度性因素，既增加了农业转移人口市民化过程中的制度性成本、摩擦成本，也导致了农业转移人口承担市民化成本能力的低下。

其次，市民化成本的构成方面，在充分比较和梳理学者对市民化成本划分的基础上，本书基于经济社会发展的角度及市民化对经济社会的利大于弊的一般结论，提出了市民化成本包括社会发展成本和私人发展成本的概念及其各自包含的内容。

然后，对市民化成本的基本特征分析。在市民化成本形成的原因分析及分类的基础上，提出了市民化成本具有的特征包括分担主体多元性、多样性和分层异质性、动态累积性、外部性与收益伴生性、测算可行性及可分担化解性等。

最后，以农业人口流入大省——浙江省为例，在改善农业转移人口市民化成本测算方法，建立较为全面的市民化成本指标体系的基础上，利用《浙江统计年鉴》、《中国教育经费统计年鉴》、浙江统计信息网等数据库资源，进行了市民化成本的测算，为其他省份进行类似测算奠定了思路和技术基础。

本章作为本书的中间章节，在内容上具有承上启下的重要作用，通过对农业转移人口市民化成本形成原因、构成、所具有的基本特征及具体数值的测算，为农业转移人口市民化成本分担机制的研究做了重要铺垫。

第6章

成本－收益视角下农业转移人口家庭市民化行为分析

6.1　农业转移人口非家庭市民化存在的问题

当前，我国提出以人为本的新型城镇化，并提出"有序推进农业转移人口市民化"重要部署及"三个1亿人"中期新型城镇化推进目标。从新型城镇化的核心内涵看，城镇化进程不再是简单的、粗放型的土地城镇化，而是推动人的城镇化。而推动农业转移人口的城镇化，最关键的环节就是实现以家庭为单位的城镇化，而不是农村剩余劳动力成为了市民，其子女或需要赡养的老人仍旧滞留在农村，出现留守儿童、空巢老人等社会不和谐问题。中国城镇化进程需要依靠家庭成员的力量，正如美国经济学家马丁·明塞尔（M. Mincer，1978）指出的："家庭在劳动力迁移过程中发挥了极为关键的作用，做出迁移决策及参与迁移过程的从来都不是一个人，而是以一个家庭为基本单位。"当前我国整体社会结构正在由乡土社会向都市社会转变，家庭因素对劳动人口的流动具有很大的弹性影响，有时会起到促进作用，有时却会产生抑制。从过去和当前农业转移人口市民化的"两步转移"看，新型城镇化任务的最终实现仍然困难重重。本节将从成本－收益的视角分析当前我国农业转移人口非家庭市民化进程中面临的困境。

家庭作为社会组织的重要组成部分，在预防和解决社会问题方面具有不可替代的重要作用。然而，中国经济社会近几十年的急剧变迁，对一向注重家庭文化和家庭传统的国人带来了前所未有的冲击，特别是进入20世纪90年代，中国农村人口在祖国大地上掀起了规模浩大的"民工潮"，占全国1/5的人口处于流动、迁移状态，造成千万家庭处于流动、分离状态。这样的农业人口流动，不仅在农村造成了很多社会问题（留守儿童、妇女和老人），而且使农业转移人口的市民化陷入困境，具体表现在以下三个方面。

6.1.1　家庭成员离散造成农业转移人口市民化成本增加

学者通常将农业转移人口市民化成本分为私人成本和社会成本。社会成本是由各级政府负担的城市管理成本、基础设施建设成本或城市发展成本等；私人成本则是农业转移人口在市民化过程中由个体承担的成本。我国农业转移人口由于户籍制度等制度性和非制度性障碍的限制，市民化过程并不是整个家庭集体市民化，而是分散式迁移，即部分身强体壮者进入城市务工，部分老弱人口留守农村。家庭成员分散于农村和城市两地生活，这造成农业转移人口市民化成本的增加。因为，一方面在城务工者为了在城市继续工作和生存，甚至为了维护城市的社会关系网络，也要投入成本，同时还要向生活在农村的家庭成员提供资金、物质支持，处理好在农村的社会关系；另一方面，家庭成员在两地的分离，也迫使双方不得不增加交通支出，这种"候鸟"式频繁迁移的方式，造成了更高的经济成本支出。

6.1.2 家庭整体结构分化造成农业转移人口市民化基础损坏

家庭须以稳定居所为载体，是农业转移人口融入城市社区的纽带和桥梁。一旦家庭层面失去了稳定性和完整性，所有建立在这个基础之上的社会关系纽带就面临着威胁，造成农业转移人口市民化困难重重。费孝通先生主张，作为家庭载体的居所的多重价值体现在血缘与地缘相统一的共同体内部；而在城市社会中，取而代之的是地缘和业缘成为共同体的新型关系纽带。[1] 稳定、完整的家庭承载的不仅仅是遮风避雨的港湾或亲人团结凝聚的简单意义，而是融合了血缘、地缘和业缘为一体的多重价值栖息之地，它对亲情延续、人际关系拓展、城市融入等具有重要的作用。当前，绝大部分农业转移人口受到现实条件的限制，出现家庭成员分离、整体或部分处于流动及过渡等状态，并且这些特征在短期内还将延续，这就造成了农业转移人口在家庭结构完整层面的分化，对市民化过程造成了消极影响。

6.1.3 家庭功能失衡削弱农业转移人口市民化的潜在能力

一般而言，家庭作为社会的细胞，为每个社会个体提供了第一层保障，也是每个家庭成员成长、娱乐和享受生活的第一场所。然而，当前我国农业转移人口市民化过程中的家庭成员分散状态，使得家庭功能失衡。

1）家庭保障功能的缺失造成农业转移人口内生动力不足

分散式的家庭结构，使得在城务工的农民个体，既要兼顾工作也要兼顾家庭。当农民家庭个体在城市务工时，就没有充分的时间照顾在乡下生活的亲人，不能在他们受到伤害或遭受疾病时履行家庭责任；而当他们往返于城市和农村时，又容易丧失工作上的一些发展机会，进而对其城镇发展能力造

---

① 费孝通. 乡土中国 [M]. 北京：北京大学出版社，2012.

成消极影响。

2）家庭发展功能的失衡弱化了农业转移家庭未来市民化的能力

对于家庭子女而言，父母是第一任老师，对孩子的教育和发展具有不可替代的重要作用。但是，在分散化的农业转移人口家庭，孩子的完整教育和家庭管理是弱化的。长期留守在农村的儿童，更是无法得到完整的亲情和教化，正是因为家庭教育和发展功能的失衡，可能造成农业转移人口子女在未来城镇化过程中的能力不足。

3）家庭享乐功能的失衡弱化了农业转移人口市民化的意愿

家庭是心灵净化、身体栖息、享受关爱和欢乐的场所。完整的家庭和温情的家庭气氛，不仅能调节每个家庭成员的心情、增加感情，而且能够提供精神动力和智力支持。但是，分散式的家庭结构，带来的是长久的妻离子散的思念之痛，浓浓的乡愁和老人对子女的翘首期盼，长期两地分居甚至增加家庭破裂的风险。当农业转移人口在城务工时，不能从家庭获得参与工作的动力和美好憧憬，而是经受家庭分散带来压力和担忧，将会在很大程度上弱化他们市民化的意愿。

综上所述，我国农业转移人口非家庭市民化，最大的困境是家庭成员的分散化。即家庭成员在参与城镇化过程中出现了分化，部分留守农村，部分进城，由此造成市民化过程中的家庭功能的失衡，进一步对农业转移人口市民化产生了消极影响。因此，在新型城镇化进程中促进农业转移人口以家庭为单位向城镇整体迁移，是解决当下农业转移人口市民化问题的根本途径。

6.2　农业转移人口家庭市民化行为分析：基于成本－收益视角

从上一节对当前我国农业转移人口非家庭市民化存在问题的具体分析，可以看出家庭分散化或成员个体的市民化进程，暴露出诸多问题，如市民化程度不彻底，产生留守儿童、空巢老人，迁移者和未迁移者精神上经受分离之苦，家庭功能的失衡等弊端。在研究层次上，农业转移人口市民化，不仅考虑家庭个体成员的成本收益，而且也把家庭因素作为考虑的对象；在城镇化经验上，永久迁移才是彻底的市民化，而永久迁移又以家庭的整体迁移为稳定基础，分散式的非家庭迁移方式不仅市民化不彻底，而且经常出现暂时迁移、循环迁移等现象。因此，本节基于现有的农业转移人口家庭市民化行为理论模型和我国特殊的经验分析，从成本 - 收益的视角，逐步建立包含市民化成本因素和农地收益在内的扩展化的家庭市民化行为模型，用以分析影响家庭整体向城镇迁移的成本因素和收益因素的作用方式。[①]

6.2.1　前提假设

根据我国农业转移人口市民化过程中家庭决策的现实表现及前期理论模型的精华部分（见 3.1.1 关于农业转移人口市民化行为的模型分析），本书在农业转移人口市民化家庭决策模型建立之前，结合研究目的做出以下合理假设。

假设一：农业转移人口市民化行为决策主体以家庭为单位。家庭成员，从人力资本角度分为具有劳动能力和不具有劳动能力的决策主体，前者负有获取收入、供养未成年人及失去劳动能力老人等家庭成员的责任；从居住地点角度分为在城务工人员和农村留守人员，前者通常是进入城市务工的农民工，获取城市工资收入，后者为农村留守儿童、妇女或老人，主要是照看农地、照顾农村家庭等。

假设二：农业转移人口市民化家庭决策符合理性经济人古典假定。[②] 决策的目标是通过家庭人员的合理配置，实现家庭整体效用水平的最大化，且主要决策主体符合贝克尔（Becker，1976）提出的"利他主义者"内涵。[③]

假设三：家庭迁移决策分为迁移和不迁移两种，是否迁移取决于迁移前后家庭总效用在预期预算约束水平下的实现情况。家庭总效用水平是家庭复

---

① 该模型的建立，借鉴了以下两位学者的研究思路：林燕. 二元结构下的劳动力非家庭化转移研究 [D]. 杭州：浙江大学，2009. 孙战文. 农民工家庭迁移决策与迁移行为研究 [D]. 泰安：山东农业大学，2013. 但对原文中的前提假设进一步完善，添加了土地收益和家庭功能等因素对决策的影响。

② 关于农民行为是否符合理性人行为规则的争议，在经济学和社会学研究中长期存在正反两方面的观点。农民非理性学派以美国人类学家詹姆斯·C. 斯科特（Scott）和苏联经济学家 A. V. 恰亚诺夫（Chayanov）为代表。前者基于"生存伦理"和"道义小农"，认为农民生活在贫困边缘，受到气候和制度盘剥，其行为是为了满足基本的生存需要，没有机会做出更高层次的行为追求；后者在其著作《农民经济组织》中认为在"小农经济"条件下，农民生产目的主要为了满足家庭消费需求而非追求利润最大化。主张农民行为是理性的代表有舒尔茨（Schultz）和贝克尔（Becker），农民的行为也是基于投资成本和收益理性计算的结果，符合经济理性的行为规则。

③ 贝克尔在 1976 年提出的"利他主义"模型中，假定夫妻双方都有各自独立的效用函数，家庭决策由利他主义者做出，能够在家庭成员之间平均分配收益，兼顾每个家庭成员的个体效用水平。参见：BECKER G S. Altruism, Egoism, and Genetic Fitness: Economics and Sociobiolog [J]. Journal of Economic Literature, 1976, 14 (9): 817 - 826.

合消费、土地收益、政府提供公共服务水平、家庭完整功能的函数，且在家庭成员中存在同一稳定的家庭效用函数。

假设四：从成本与收益角度衡量农业转移人口市民化行为。成本与收益比较的结果直接表现为家庭预算约束。即预算约束来自家庭总收入与总支出之差，也即家庭净收入。家庭总收入来自在城务工的工资性收入、家庭土地财产收入、社区公共物品享受收入及其他收入；总支出包括家庭成员日常消费支出、家庭教育和医疗等大额支出、进入城市购买的公共服务支出、家庭完整功能实现支出（如城乡往返成本）及其他支出。

假设五：城乡工资差距是影响家庭总体效用水平的最重要因素，城乡公共服务的不均等、土地收益和家庭完善的功能（如教育、娱乐、保障等功能）也是影响家庭总体效用水平的因素。

假设六：家庭完善功能带来的效用，本质上是精神层面免受城乡两地分离之苦，具体水平用城乡往返迁移的成本量化。

假设七：农业家庭土地收益来自土地租金，包括承包地和宅基地。按照中国现行土地制度，承包地按人口分配，在家庭成员之间均等划分。

假设八：家庭成员迁移投资共担和收益共享契约下，家庭所有成员的效用水平相等，即一旦家庭收支确定，无论家庭成员生活在农村还是城市，每个成员的边际效用不单独发生变化。这其实是"利他主义"内涵的延伸。

6.2.2 农业转移人口家庭市民化行为模型构建

基于以上的假设条件，本节从成本与收益的角度出发，采用经济学关于效用最大化的一般分析方法，借鉴现有理论和模型，逐步建立我国农业转移人口市民化家庭决策模型。

1）家庭成员的组成

根据家庭成员劳动能力分为劳动人口（劳动年龄内的从事农业和非农工作，获取劳动报酬的人口）和非劳动人口（家庭内儿童、老人等不参与城乡劳动的人口），数量分别用 N^a 和 N^b 表示；以常住地点分为城镇家庭成员和留守农村家庭成员，数量分别用 N_c 和 N_r 表示。并进一步得到四类家庭人口：居住城镇的家庭劳动人口 N_c^a、居住城镇的家庭非劳动人口 N_c^b、留守农村的家庭劳动人 N_r^a、留守农村的家庭非劳动人口 N_r^b。可见，它们之间的相互关系满足以下等式：$N_c^a + N_c^b = N_c$，$N_r^a + N_r^b = N_r$，$N_c^a + N_r^a = N^a$，$N_c^b + N_r^b = N^b$，

$N_c^a + N_c^b + N_r^a + N_r^b = N$，其中，$N$ 为农业转移家庭的总人口数量。

2）农业转移人口家庭的效用函数及各变量的解释

根据前面的假定，完善以往模型，建立如下家庭效用函数：

$$U = U(C, L, G, H, M) \tag{6-1}$$

其中，C 代表了家庭所有成员的商品复合消费总量；L 表示家庭共有的土地收益，包括土地租金及宅基地使用收益；G 为城乡政府提供公共物品使用获得的收益；H 为城乡户籍制度带来的收益；M 为完整的家庭功能（如教育、赡养、娱乐）带来的收益。由于每个成员的效用水平是相同的，所以有 $u_c = u_r = u^a = u^b = u$，且 $uN = U$。

各解释变量的具体解释如下：

家庭所有成员的商品复合消费总量 C，依据贝克尔"利他主义"原则，家庭收入能够在家庭成员之间平均分配，则最终消费带来的人均效用是相等的。设每个家庭成员的消费量为 c，用来分配的家庭总消费量 C 的比例为 θ_{ci}，$(i \subset N)$ 且 $0 \leq \theta_{ci} \leq 1$，有 $c = \theta_{ci} \dfrac{C}{N}$。

家庭共有土地收益 L 主要来自两个部分，即土地地租和宅基地转让或转租。我国的现实情况是，农民在进城过程中并没有完全放弃土地承包权，而是通过转租方式，获取土地收益；被征地农民则相应获得或多或少的征地补偿。但笔者重点关注的不是收益如何获得及收益数量多少问题，而是收益如何分配。在此，土地的收益是依据人均土地获得的，因此土地是家庭成员的共同财产，将做平均分配，同样设每个家庭成员分配到的共同财产（土地收益）为 l，用来分配的家庭土地收益总值 L 比例为 θ_{li}，$(i \subset N)$，且 $0 \leq \theta_{li} \leq 1$，有 $l = \theta_{li} \dfrac{L}{N}$。

城乡政府提供公共物品服务得到的收益 G 和户籍制度带来的收益 H，对家庭而言属于公共资源，不可分割，但是在家庭居民城乡分割下会对效用水平产生不同的影响。设生活在城市的家庭居民，每人获得城市公共物品收益为 g_c；留守农村的家庭成员每人获得的农村公共物品收益为 g_r，且有 $g_c \times N_c + g_r \times N_r = G$。设成为市民的农村家庭成员每人获得的城镇户籍收益为 h_c，留守农村的家庭成员每人获得农村户籍收益为 h_r，且有 $h_c \times N_c + h_r \times N_r = H$。

家庭完整功能带来的收益 M。家庭完整功能包括父母对子女的教育功能、家庭保障功能（赡养老人）和家庭娱乐功能。其实是家庭成员共同居住在一个地方所带来的愉悦感、团圆等心理感受,难以直接衡量,但可以用家庭成员分离时所支付的往返交通费用代替衡量。设家庭成员分居两地的距离为 d,单位距离每人交通费用为 t,则为满足家庭完整功能所支付的交通成本为:$M = dtN_c$,且满足 $\dfrac{\partial M}{\partial d} > 0, \dfrac{\partial M}{\partial t} > 0, \dfrac{\partial M}{\partial N_c} > 0$。当 $N_c = 0$ 或者 $N_c = N$ 时,$d = 0$,所以 $M = 0$。可见,M 越大,家庭分离的心理成本越大,其他变量不变时,家庭总效用水平越低,即 $\dfrac{\partial U}{\partial M} < 0$。

3)农业转移人口家庭的预算约束及各变量的解释

农业转移人口家庭的预算约束来自家庭总收入与家庭总支出之差。家庭成员总收入用下式表示:

$$I = w_r N_r^a + \pi w_c N_c^a + r_{rl} l N_r + \delta r_{rl} l N_c + \varphi_r g_r N_r + \varphi_c g_c N_c + \mu_r h_r N_r + \mu_c h_c N_c + I_0 \quad (6-2)$$

其中,w_r 为留守农村的家庭劳动人口人均务农工资收入,w_c 为家庭劳动人口在城镇非农就业的人均工资收入,π 为在城镇获得工作的就业概率,满足 $0 \leqslant \pi \leqslant 1$,$w_r N_r^a + \pi w_c N_c^a$ 代表了家庭劳动力总的工资收入。r_{rl} 表示家庭成员每人获得的家庭共有土地租金,$r_{rl} l N_r$ 代表了留守农村的家庭成员共获得的地租收入,δ 代表了进入城镇的家庭人口出租土地的概率,且 $0 \leqslant \delta \leqslant 1$,$\delta r_{rl} l N_c$ 为在城镇的家庭成员共获得的土地收入。φ_r 和 φ_c 表示留守农村的家庭成员和居住城镇的家庭人口分别在政府提供公共物品中获得收入的概率,并且 $0 \leqslant \varphi_r \leqslant 1, 0 \leqslant \varphi_c \leqslant 1$,$h_r$ 和 h_c 分别代表家庭成员在农村户籍和城镇户籍中获得的收入的概率,且 $0 \leqslant h_r \leqslant 1, 0 \leqslant h_c \leqslant 1$,$g_r$ 和 g_c 分别表示农村和城镇居民人均获得政府公共物品服务的收入,h_r 和 h_c 分别代表农村户籍和城镇户籍带给农民和市民的人均户籍收入,根据城乡公共物品服务的不均等化和城乡户籍差异的现实,可知 $g_c > g_r$,$h_c > h_r$。$\varphi_r g_r N_r + \varphi_c g_c N_c$ 为家庭成员在城乡政府提供公共物品服务中获得的总收入;$\mu_r h_r N_r + \mu_c h_c N_c$ 为家庭成员在城乡户籍制度下获得的总收入。I_0 为家庭成员其他收入。

农业转移人口家庭成员的总支出公式为:

$$E = p_c c N_c + p_r c N_r + r_{rl} l_r N_r + r_{cl} l_c N_c + g_c N_c + h_c N_c + dt N_c + E_0 \quad (6-3)$$

其中,p_c 和 p_r 分别代表家庭人口中在城镇和农村生活的消费品平均价格,分别由城市消费品市场和农村消费品市场决定,在家庭人均消费量为 c 情况下,家庭成员总消费支出为 $p_c c N_c + p_r c N_r$。r_{cl} 代表家庭成员在城镇居住的人均租金，l_c 代表人均租房面积，则家庭成员共同财产支出既包括留守农村的住房租金（实质是机会成本，与住房自用可视为收支相抵）和城镇住房租金，即 $r_{rl}lN_r + r_{cl}l_cN_c$。而 $g_cN_c + h_cN_c$ 为在城镇生活的家庭成员为购买城市公共物品服务和城镇户籍所付出的总支出。家庭成员为实现家庭完整功能所付出的成本为成员间的交通费用支出：$M = dtN_c$。E_0 为家庭成员其他支出。

根据以上农业转移人口家庭总收支的表达式，农业家庭为实现所有家庭成员的市民化，必要条件是满足 $I \geq E$。此处，为后面推导的方便，将预算约束中其他收支差额简记为常数 Ω，即 $I_0 - E_0 = \Omega$。

6.2.3　农业转移人口家庭市民化行为模型求解过程

根据以上假设和预算约束下效用最大的一般分析方法，下面将推导农业转移人口家庭效用最大化的实现过程。

$$\max_{N_c^a, N_r^a, N_c^b, N_r^b} U = U(C, L, G, H, M) \tag{6-4}$$

$S.T.\ I \geq E$　且 $N^a \geq N_c^a$，$N^b \geq N_c^b$

其中，$C = \theta_{ci}cN$，$L = \theta_{li}lN$，$G = g_cN_c + g_rN_r$，$H = h_cN_c + h_rN_r$，$M = dtN_c$。从上式可见，为实现家庭效用最大化、家庭做出是否城镇化决策的途径是对家庭成员做出城乡配置，并严格依赖家庭收支状况。在家庭总体效用水平达到最大时，一定存在 $\dfrac{\partial U}{\partial N_c} = 0$ 和 $\dfrac{\partial U}{\partial N_r} = 0$。否则，当 $\dfrac{\partial U}{\partial N_c} > 0$ 时，会促使家庭成员不断向城镇迁移，直到没有人留守农村；同样当 $\dfrac{\partial U}{\partial N_r} > 0$ 时，城市家庭人口将向农村迁移，直到城市人口为零，这两种情况都是极端，并与家庭效用最大化矛盾。

进一步，构建拉格朗日函数：

$$Y = U + \lambda_1(I - E) + \lambda_2(N^a - N_c^b) + \lambda_3(N^b - N_c^b) \quad (\lambda_1, \lambda_2, \lambda_3 \geq 0) \tag{6-5}$$

将式6-2和式6-3代入式6-5，并整理可得：

$$Y = U + \lambda_1 \Big[w_rN_r^a + \pi w_cN_c^a + \delta r_{rl}\frac{Q_{li}L}{N}N_c + \varphi g_rN_r + (\varphi_c - 1)N_cg_c + \mu_r h_rN_r \Big] +$$

$$\Big[(\mu_c - 1)h_cN_c - p_c\frac{\theta_{ci}C}{N}N_c - p_r\frac{\theta_{ci}C}{N}N_r - r_{cl}l_cN_c - dtN_c + (I_0 - E_0) \Big] +$$

$$\lambda_2N_r^a + \lambda_3N_r^b \tag{6-6}$$

根据库恩 - 塔克条件，对上式中 N_r^a，N_c^a，N_r^b，N_c^b 和 λ_1，λ_2，λ_3 求偏导，

且 $N_c = N_c^b + N_c^a$ ，依次得到：

$$\frac{\partial Y}{\partial N_r^a} = \lambda_1(w_r + \varphi_r g_r + \mu_r h_r - p_c \frac{\theta_{ci} C}{N}) + \lambda_2 \leqslant 0 \qquad (6-7)$$

且 $N_r^a \geqslant 0$ ， $N_r^a \frac{\partial Y}{\partial N_r^a} = 0$

$$\frac{\partial Y}{\partial N_c^a} = \lambda_1[\pi w_c + \delta r_{rl} \frac{\theta_{li} L}{N} + (\varphi_c - 1)g_c + (\mu_c - 1)h_c - p_c \frac{\theta_{ci} C}{N} - r_{cl} l_c - dt] \leqslant 0$$

$$(6-8)$$

且 $N_c^a \geqslant 0$ ， $N_c^a \frac{\partial Y}{\partial N_c^a} = 0$

$$\frac{\partial Y}{\partial N_r^b} = \lambda_1(\varphi_r g_r + \mu_r h_r - p_r \frac{\theta_{ci} C}{N}) + \lambda_3 \leqslant 0 \qquad (6-9)$$

且 $N_r^b \geqslant 0$ ， $N_r^b \frac{\partial Y}{\partial N_r^b} = 0$

$$\frac{\partial Y}{\partial N_c^b} = \lambda_1[\delta r_{rl} \frac{\theta_{li} L}{N} + (\varphi_c - 1)g_c + (\mu_c - 1)h_c - p_c \frac{\theta_{ci} C}{N} - r_{cl} l_c - dt] \leqslant 0 \quad (6-10)$$

且 $N_c^b \geqslant 0$ ， $N_c^b \frac{\partial Y}{\partial N_c^b} = 0$

$$\frac{\partial Y}{\partial \lambda_1} = I - E \geqslant 0, \lambda_1 \geqslant 0 , \text{且 } \lambda_1 \frac{\partial Y}{\partial \lambda_1} = 0 \qquad (6-11)$$

$$\frac{\partial Y}{\partial \lambda_2} = N_r^a \geqslant 0, \lambda_2 \geqslant 0 , \text{且 } \lambda_2 \frac{\partial Y}{\partial \lambda_2} = 0 \qquad (6-12)$$

$$\frac{\partial Y}{\partial \lambda_3} = N_r^b \geqslant 0, \lambda_3 \geqslant 0 , \text{且 } \lambda_3 \frac{\partial Y}{\partial \lambda_3} = 0 \qquad (6-13)$$

至此，利用预算约束下效用最大化的一般化推导过程结束，下面将就有效解及家庭化决策影响因素分析如下。

6.2.4 农业转移人口家庭市民化行为模型分析

对上述式6-7至式6-13求解，可以得到64个解，但是限于 $N_c^a + N_r^a = N^a$ ，无论拉格朗日乘子取任何值，都不可能出现 $N_c^a = N_r^a = N^a$ 或 $N_c^a = N_r^a = 0$ ，因此对家庭劳动人口的有效解只剩下两对角点解和一对内点解，即 $N_c^a = 0$ 时， $N_r^a = N^a$ ； $N_c^a = N^a$ 时， $N_r^a = 0$ ；或者 $0 < N_c^a < N^a$ 时， $0 < N_r^a < N^a$ 。同理，对于农业转移家庭的非劳动人口，由于 $N_c^b + N_r^b = N^b$ ，有效解同样有两对角点解和一对内点解。具体的有效解将在相互松弛条件下得到，详细

列于表6-1中。

表6-1　农业转移人口家庭迁移决策的最优组合

拉格朗日乘子	家庭完整功能支出	家庭迁移决策组合	家庭迁移决策组合描述
$\lambda_1 > 0, \lambda_2 = 0$ $\lambda_3 = 0$	$M = 0$	$N_c^a = 0, N_r^a = N^a$ $N_c^b = 0, N_r^b = N^b$	家庭所有成员留置农村,不向城镇转移
$\lambda_1 > 0, \lambda_2 = 0$ $\lambda_3 > 0$	$M = 0$	$N_c^a = 0, N_r^a = N^a$ $N_r^b = 0, N_c^b = N^b$	家庭中劳动人口滞留农村,非劳动人口全部或部分向城镇转移,多表现为子女进城求学
$\lambda_1 > 0, \lambda_2 = 0$ $\lambda_3 = 0$	$M \neq 0$	$N_c^a = 0, N_r^a = N^a$ $N_c^b = N^{b*}, N_r^{b*} = N^b - N_c^{b*}$	
$\lambda_1 > 0, \lambda_2 = 0$ $\lambda_3 = 0$	$M \neq 0$	$N_c^b = 0, N_r^b = N^b$ $N_c^a = N^{a*}, N_r^{a*} = N^a - N_c^{a*}$	家庭中劳动人口部分迁往城镇,其他家庭成员留守农村
$\lambda_1 > 0, \lambda_2 = 0$ $\lambda_3 = 0$	$M \neq 0$	$N_c^b = N^{b*}, N_r^{b*} = N^b - N_c^{b*}$ $N_c^a = N^{a*}, N_r^{a*} = N^a - N_c^{a*}$	家庭劳动人口和非劳动人口,同时部分迁移城镇
$\lambda_1 > 0, \lambda_2 = 0$ $\lambda_3 > 0$	$M \neq 0$	$N_r^b = 0, N_c^b = N^b$ $N_c^a = N^{a*}, N_r^{a*} = N^a - N_c^{a*}$	家庭部分劳动人口和所有非劳动人口迁移,留守农村的劳动力继续从事农业生产
$\lambda_1 > 0, \lambda_2 > 0$ $\lambda_3 = 0$	$M = 0$	$N_r^a = 0, N_c^a = N^a$ $N_c^b = 0, N_r^b = N^b$	家庭劳动力全部迁往城市,老人、儿童留守农村
$\lambda_1 > 0, \lambda_2 > 0$ $\lambda_3 > 0$	$M \neq 0$	$N_r^a = 0, N_c^a = N^a$ $N_c^b = N^{b*}, N_r^{b*} = N^b - N_c^{b*}$	家庭劳动力全部迁往城市,部分非劳动人口跟随迁入
$\lambda_1 > 0, \lambda_2 > 0$ $\lambda_3 > 0$	$M = 0$	$N_r^b = 0, N_c^b = N^b$ $N_r^a = 0, N_c^a = N^a$	农业转移人口举家迁移城市

更进一步,根据预算约束公式可得家庭迁移决策的总收益为:

$$R = w_r N_r^a + \pi w_c N_c^a + \delta r_{rl} \frac{\theta_{li} L}{N} N_c + \varphi_r g_r N_r + (\varphi_c - 1) N_c g_c + \mu_r h_r N_r +$$

$$(\mu_c - 1) h_c N_c - p_c \frac{\theta_{ci} C}{N} N_c - p_r \frac{\theta_{ci} C}{N} N_r - r_{cl} l_c N_c - dt N_c + \Omega \qquad (6-14)$$

基于本书对农业家庭人口市民化转移分析的目的,在成本-收益的视角下,对家庭中劳动人口和非劳动人口市民化的边际收益做如下分析。

家庭劳动人口做出迁移决策的边际收益包括进城务工($MR_{N_c^a}$)和留守农村务工的边际收益($MR_{N_r^a}$)两个部分:

$$MR_{N_q^g} = \pi w_c + \delta r_{rl} \frac{\theta_{li} L}{N} + (\varphi_c - 1) g_c + (\mu_c - 1) h_c - p_c \frac{\theta_{ci} C}{N} - r_{cl} l_c - dt \quad (6-15)$$

$$MR_{N_q^{\bar{g}}} = w_r + \varphi_r g_r + \mu_r h_r - p_r \frac{\theta_{ci} C}{N} \quad (6-16)$$

从式 6-15 可以看出，影响农业家庭劳动力转移的因素包括城镇就业率 π、城镇工资水平 w_c、农村家庭共有土地出租概率 δ、农村住房租金率 r_{rl}、家庭共有土地财产收益分配比例 θ_{li}、城市公共物品获得收益的概率 φ_c、城市户籍身份带来收益的概率 μ_c、城市消费品平均价格水平 p_c、家庭成员人均复合消费的比例 θ_{ci}、城镇住房租金 $r_{cl} l_c$ 和交通费用 dt。式中，$(\varphi_c - 1) g_c + (\mu_c - 1) h_c$ 是在城乡二元结构下，由于公共服务不均等和户籍制度背后福利的差异，农业家庭劳动人口不能实现彻底市民化所带来的净损失。式 6-16 中 $MR_{N_q^{\bar{g}}}$ 可以看成是农业家庭劳动人口，由于向城镇迁移、参与非农就业所造成的离开农村的机会成本，与农村务农工资率 w_r、农村公共物品消费带来收益 $\varphi_r g_r$、农村户籍带来的收益 $\mu_r h_r$ 成正比，与农村消费品平均价格水平 p_r 等成反比。

同理，可求得农业家庭非劳动人口迁入城镇的边际收益（ $MR_{N_c^g}$ ）和留守农村的边际收益（ $MR_{N_c^{\bar{g}}}$ ）：

$$MR_{N_c^g} = \delta r_{rl} \frac{\theta_{li} L}{N} + (\varphi_c - 1) g_c + (\mu_c - 1) h_c - p_r \frac{\theta_{ci} C}{N} - r_{cl} l_c - dt \quad (6-17)$$

$$MR_{N_c^{\bar{g}}} = \varphi_r g_r + \mu_r h_r - p_r \frac{\theta_{ci} C}{N} \quad (6-18)$$

家庭非劳动人口进入城镇，获得的正收益来自家庭共有土地出租所得 $\delta r_{rl} \frac{\theta_{li} L}{N}$、城乡公共物品和户籍差异带来的净损失 $(\varphi_c - 1) g_c + (\mu_c - 1) h_c$ 的减少及家庭团聚后交通支出 dt 的减少。式 6-18 代表了家庭非劳动人口进入城镇后在农村获得收益的机会成本，与农村公共物品服务所得、农村户籍的收益成正比，与农村消费品平均价格水平成反比。

从上面的分析可以看出，农业家庭人口迁移过程中，具有劳动能力的人口较非劳动人口更容易跨越城乡迁移障碍，因为现实中城市工资率高于农村工资率，会直接影响劳动人口的迁移决策，而对非劳动人口的"引力"较小。但是，城镇工资率高出农村工资率的程度，是影响家庭整体迁移的重要因素。农业家庭实现整体迁移的必要条件是城镇工资高于务农工资的数量超过以下三项损益的总和：①城镇物价水平高于农村物价水平导致的家庭成员消费支出的增加额；②城镇住房支出高于农村土地租金收入的差额；③全家进城后享受城镇公共物品服务的支出高于农村公共物品服务支出的差额。当全家人口迁移的收入不能弥补以上损益之和时，家庭整体市民化将遇到很大经济支付能力障碍。在家庭完整功能实现方面，分离迁移增加了家庭成员之间往来的流动成本，且与距离和单位交通费用成正比，当家庭成员共同迁移时，将减少这方面的支出，同时使家庭功能的损失降低为零。在农村土地收益方面，取决于土地转租的概率和租金大小，相对而言，当土地收益（包括转租、宅基地收益）能够弥补城镇租房收益时，可以极大促进农村人口向城镇转移。但是，现实是我国土地市场的不统一，造成土地价格形成机制的不完善，无论征地补偿还是土地租金价格都低于城镇土地价格水平。因此，土地成了农业家庭在农村安身立命的根本，也是尝试市民化成功与否的最后保障。

6.3　本章小结

　　本章首先从家庭视角分析了我国农业转移人口非家庭市民化存在的困境，如家庭成员的离散造成农业转移人口市民化成本的增加、家庭整体结构的分化造成农业转移人口市民化基础的损坏、家庭功能的失衡削弱农业转移人口市民化的潜在能力等。然后，从成本－收益角度，并结合家庭联合迁移模型，从家庭视角构建农业转移人口市民化行为模型，从理论层面分析了影响我国农业转移人口市民化的各种因素，对家庭整体市民化决策做出系统分析。农业转移家庭依据"利他主义"原则和理性人假设，通过对家庭劳动人口和非劳动人口在城镇和农村的配置，实现家庭整体效用水平的最大化。但是，从成本与收益的角度看，影响农业家庭市民化决策的因素具有多样性，既包括家庭成员共有财产（承包土地和宅基地）收益及其出租概率、家庭劳动人口和非劳动人口数量，也包括城乡工资性收入、公共物品服务、户籍收益、城镇住房租金、城镇就业概率和家庭完整功能实现的交通支出等，造成农业家庭市民化决策的多样性。理性的农业转移家庭，根据限制条件的不同，在既定预算约束下做出最优的行为决策是本节理论分析的最核心结论。在现实环境中，我国农业转移人口家庭决策的表现，需要使用微观数据通过二值选择模型进行定量分析，但笔者限于微观数据可得性，暂时未做相应定量分析，引以为憾。已有研究中，部分学者做了类似分析（徐爱东、吴国峰，2015；周蕾、李放，2012），但在变量选择上与本书有明显区别，可做参考。

第7章

农业转移人口市民化成本分担的原因分析及分担机制演化过程

7.1 农业转移人口市民化成本分担的原因分析

从成本－收益、城乡公共服务不均等和社会发展成本外部性及城乡要素平等交换的角度，分析之所以进行农业转移人口市民化成本分担的原因。首先，农业转移人口市民化的过程既产生成本又产生收益，无论是政府、企业还是农业转移人口都在这个过程中享受到收益。但是总体而言，政府在农业人口转移过程中，无论是主动式的市民化还是被动市民化，宏观层面获得的正外部性都大于负外部性，且是市民化过程中获益最大的主体。企业则从中获得廉价劳动力等收益。但是农业转移人口所获得收益小于所创造的经济、社会收益，而承担的成本之巨，难以凭借自身的能力承担。因此，需要多元主体共同分担市民化成本。其次，在当前我国城乡二元结构下，城镇和农村所提供的公共物品与服务存在很大不均衡，农业人口从农村转移到城镇，为获得城镇公共物品和服务，需要额外支付更多成本，这使得原本就收入不高的农业转移人口增加了不公平的额外支出。再次，社会发展成本具有外部效应，市民化成本产生的原因及进行分担化解的必要性需要分析。最后，劳动要素在城市劳动市场和农村劳动市场不平等交换，这种不公平交换造成农业转移人口市民化成本增加，需要政府通过制度改革分担这种制度成本，以促进农业转移人口劳动要素的公平交换。

7.1.1 市民化主体之间成本与收益不匹配

理性的经济活动主体，总能从个人利益最大化的角度，通过权衡成本与收益之间的大小，综合考虑各种影响因素而做出符合市场效率的决策，而政策的非理性因素、感性因素往往决定非市场化的行为。因此，在经济理性因素和政策非理性因素共同作用下，中国农业转移人口市民化分为了主动市民化和被动市民化。前者是农业转移人口从自身的利益出发，充分权衡市民化过程中所要付出的代价与所能获得收益后，自主做出是否市民化决策，基本符合经典的人口迁移规律。后者则是在城市扩张的过程中，政府出于公共利益最大化或经济社会发展的需要，对城郊的宅基地、村落进行重新规划，生活其上的农民失去现有农地或住处，不得不放弃农业生产方式和农村生活方式，最终被动融入城市。下面将从主动市民化和被动市民化两个层面，基于成本－收益视角分析我国农业转移人口市民化成本分担机制的内在逻辑。

1) 主动市民化成本分担原因：基于一般化的分析视角

农业转移人口的市民化，不仅仅是社会层面人口从农村向城镇迁移的现象，它背后伴随着巨大的经济利益。无论劳动人口还是非劳动人口，作为人力资源的重要部分，具有劳动能力的农村人口在自由转移的过程中实现了劳动力在城乡劳动市场的有效配置，提高了劳动要素生产效率，是帕累托改进；非劳动人口跟随家庭劳动人口迁入城镇，在城镇物价水平高于农村的现实环境下，刺激了消费需求的增长（姚明明、李华，2014）；未成年劳动力则为城市后续发展提供了潜在活力。从宏观的角度看，农业转移人口市民化的实现将对城乡二元经济结构的转变、产业结构的调整升级和经济增长等产生重大影响，并在经济社会层面产生多样化的收益。具体表现在以下六个方面：

（1）农业人口向城镇大规模转移，能够为人口流出地土地规模化经营提供先决条件

当前，我国农业生产的机械化程度不断提升，对农业劳动力投入产生了很高的替代作用，农业转移人口的市民化，将不断提高土地资源的集约化利用，更好发挥土地经营的规模效应，促进农业劳动生产效率的提高。

图7－1展示了我国农业劳动和资本要素投入的增长率情况，可以看出：近年来，我国农业从业人员呈现出每年减少的趋势，增长率都处于负增长状态，而农用机械的增长率始终处于4%～8%之间，保持了较高的增长速度。这说明，农业机械的投入使用在很大程度上弥补了劳动投入的减少，农业生产的机械化将成为趋势。

（2）农业人口向城镇转移，能够减轻流出地县级以下地方财政负担

当前，我国财政支出存在事权和财权不匹配困境，农村地区县级以下财政收入很低，绝大多数来自上级财政的转移支付，难以满足农村地区的公共物品供给和社会保障支出，对新型农村社会养老保险和医疗保险所需财政支持，存在较大财政缺口（朱玲，2010），尤其是"碎片化"的社会养老保险制度，不但妨碍了劳动力的自由流动，而且加大了管理成本，存在于地区之间的新农合和新农保福利竞赛，更是加剧了地方财政负担，对社保项目的可持续性构成了威胁。因此，农业人口向城镇的转移，可使原本就不富裕的地

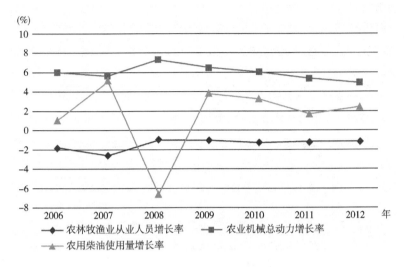

图 7 - 1　农业各生产要素投入的增长率

注：根据各年度《中国统计年鉴》测算所得。

方财政减少公共物品和服务及新农合、新农保的资金支出，从而缓解县级以下政府财政支出压力。

（3）农业转移人口的市民化，在宏观经济层面具有积极作用

一是农业转移人口市民化为国家建设提供了廉价劳动力，二是农业转移人口较少分享经济增长成果。2014 年全国农民工监测调查报告（国家统计局，2014）显示[1]，2014 年，全国农民工总量达到 27 395 万人，如此大规模的农民工为国家经济建设做出了巨大贡献。

从图 7 - 2 中可以看出，随着第二、第三产业的快速发展，GDP 增长速度加快，其中农民工的贡献占了半壁江山。农民工对非农产业的贡献率始终高于其非农就业工资收入占 GDP 的比重，进一步说明了农业转移人口对二、三产业的贡献大于其从经济发展过程中享受到的收益。

（4）从社会发展的角度，农业转移人口的市民化带来的社会效益大于社会成本支出

首先，农业转移人口市民化解决了农业劳动力就业问题。其次，农业转移人口市民化提高了农民文化素质与就业技能。最后，农业转移人口市民化

---

[1]　http：// www. stats. gov. cn/tjsj/zxfb/201504/t20150429_ 797821. html。

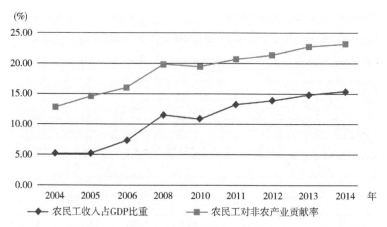

图 7 - 2 我国农民工非农产业贡献率及其工资收入占 GDP 比重趋势

注：根据各年度中国统计年鉴，国家统计局公布的全国农民工监测调查报告和

王春晓（2012）计算所得。

正面影响大于负面影响。此外，农业人口家庭整体迁往城镇，也从根本上解决了农村存在的留守儿童、妇女和空巢老人等社会问题，有助于家庭功能的实现，促进和谐社会建设。

综上所述，基于农业转移人口主动市民化的一般化成本收益分析，可以看出：虽然农业转移人口市民化的成本是存在的而且可能数额巨大，但是，市民化过程给农业人口迁入地和迁出地的各级地方政府带来的正外部性大于负外部性，而且从全国看，农业转移人口的市民化也对经济增长、产业结构调整、城镇发展和社会进步带来了巨大收益。因此，农业转移人口市民化的成本分担符合各级政府、企业等成本收益的要求，也是解决收益与成本不匹配的逻辑起点。

2）被动市民化成本分担逻辑：基于土地增值收益与公共成本分担角度的实证分析

我国农业转移人口市民化具有两种类型，前一节论述了主动市民化群体基于成本－收益视角，对市民化成本进行分担的原因。但是，我国城镇化过程中，由于政策的非理性造成城市盲目扩张，占用大量城郊用地，并将农业生产用地转变为城镇建设用地，使得生活其上的农民被动转变为市民，由此对市民化成本的分担是完全不同于主动市民化成本分担的，因为这涉及被征用土地增值收益的变化，及其在地方政府与失地农民之间的利益分配问题。表 7 - 1 展示了我国 2007—2012 年间，农地出让金、耕地出让金及市民化成本的比较，可以看出，地方政府从征地中获得的土地出让金远大于市民化所要承担的公共成本支出。

表 7 - 1 土地出让收益与公共成本支出的比较

年份	农民人均耕地面积（亩/人）	年度征地面积（万亩）	年度农地平均征地价格（万元/亩）	年度耕地平均征地价格（万元/亩）	征收农地出让金（亿元）	征收耕地出让金（亿元）	被动市民化规模（万人）	市民化公共成本（亿元）
2007	2.08	222.4	5.2	3.5	11 601.8	7 709.1	106.9	1 400.1
2008	2.07	223.7	6.2	4.1	13 806.8	9 225.1	108.0	1 415.0
2009	2.07	325.1	8.4	5.2	27 323.7	16 862.1	157.2	2 059.5
2010	2.06	343.0	9.4	6.2	32 092.3	21 258.5	166.4	2 179.7
2011	2.06	379.5	10.3	6.3	38 729.6	23 867.9	184.0	2 410.4
2012	2.04	389.1	9.2	5.6	35 761.1	21 616.7	136.9	1 792.9

数据来源：各年度中国统计年鉴、中国土地统计年鉴及蔡瑞林等（2015）测算所得。

从微观角度上，土地出让收益分配的主体是市和镇两级政府，具体数量来自土地出让价款扣除土地前期开发费用和征地补偿费用的余额。根据《中华人民共和国土地管理法》和《中华人民共和国土地管理法实施条例》，国家立法部门在 2011 年颁布了中华人民共和国国土资源部第 10 号令《征用土地公告办法》，对土地征收补偿标准和实施细则做了进一步明确，也指导了地方政府对征地补偿和收益等项目的标准制定，明确了土地出让收益的主要用途。

表 7 - 2 根据 2015 年国家公布的征地补偿的一般化标准和土地出让收益的分配项目，对编号为某市 GN—ZN—04—08—3 的地块各项土地出让收益进行了核算，从核算结果来看，对征地农民的四项补偿（土地补偿费、青苗补偿费、附着物补偿费和安置补助费）共计 180.767 万元，占到出让地价的 23.2%，其余约 68% 左右的出让地价款作为了土地收益，被市、镇两级政府瓜分，并且在一次性补偿下，剥夺了被征地农民对土地出让收益的直接分配权利。这种征地补偿内容与农地权利体系的不对称性，致使在征地补偿中享有土地承包经营权的失地农民处于劣势，甚至诱发农村集体经济组织内部各产权主体的利益冲突（刘灵辉，2014）。

表7-2 土地出让收益的分配案例

地块名称	GN—ZN—04—08—3		
征地面积	13 319.39m²		
土地用途	工业用地		
交易方式	挂牌		
减：土地开发性成本	68.568 万元	8.80%	税务部门
减：农民四项征地补偿	180.767 万元	23.20%	失地农民
土地出让收益可供分配总额	529.849 万元		
土地出让收益分配项目	支出金额	占比	受益方
减：城镇基础设施建设	274.462 万元	51.87%	镇政府
减：城镇廉租房保障资金	5.842 万元	2.99%	镇政府
减：农村基础设施建设资金	59.343 万元	11.12%	市政府
减：农业土地开发基金	48.004 万元	9.06%	市政府
减：失地农民社会保障基金	25.437 万元	4.78%	市政府
减：教育资金	53.250 万元	10.05%	市政府
减：国有土地收益基金	41.805 万元	7.89%	市政府
土地出让收益结余	11.869 万元	2.24%	镇政府

注：地块、面积和出让地价款来自某市规划和国土资源局公布的土地市场交易信息，项目核算标准按照国家规定的土地收益分配办法一般化的标准核算。

综上所述，本节从成本－收益角度分析主动市民化和被动市民化情形下农业转移人口城镇化成本分担的内在逻辑。可以看出，主动市民化过程中对迁入地和迁出地产生的正外部性大于负外部性，无论是对各级地方政府还是国家宏观经济，以及对城乡发展和社会进步等都有积极的促进作用。在被动市民化过程中，从宏观数据看，土地出让金和耕地出让金规模都远远大于城镇化的公共成本支出，各级政府获得了绝大部分征地收益，而被征地农民只获得价格较低的征地补偿，难以弥补被动城镇化所需的私人成本支出。当其在城镇不能及时获得工作机会时，融入城市的难度加大，甚至居住在城中村、棚户区等较为窘迫的居所。从微观层面，被征地农民能够从政府征地行为中获得的所有补偿较低，仅为土地出让价款的23%左右，市级和镇级政府则获得了约68%的土地出让收益。从城乡一体化发展的战略角度看，被动市民化的失地农民不存在公共成本的分担问题，征地的市级政府有责任承担被征地农民的市民化公共成本。因此，应充分认识地方政府在"土地财政"驱动下征地行为的不合理性，重新构建符合新型城镇化发展要求的农地增值收益的分配格局，为农业转移人口市民化降低失去土地的机会成本。

7.1.2　制度性障碍造成市民化成本大于收益

农业转移人口市民化过程中所需要承担的成本，本质上应由参与市民化过程的农业转移人口或家庭自己承担，所需资金来源包括家庭劳动获得的农业经营性收入和进城务工的非农产业工资性收入、农村土地流转收益及城镇扩张造成的土地转让增值收益等。然而，由于我国长期处于城乡二元经济结构下，对农业转移人口市民化进程造成诸多制度性障碍，特别是目前处于经济社会转型时期，各种制度性障碍还在产生提高农业转移市民化成本的消极作用，上述农业转移家庭本应获得的财富收益被不同社会组织所分割，农业转移家庭所能从中获得的收益份额非常微小。因此，相比之下，农业转移人口努力劳动所获得的"生存型工资"根本不可能承担起市民化制度障碍所造成的巨额成本。[①]另一方面，从国家顶层设计上，为实现"三个 1 亿人"目标和"有序推进农业转移人口市民化"的城镇化战略，惠及民生，促进经济社会进步，在制度性改革没有显著起色的情况下，也需要尽力降低农业转移人口市民化巨额成本的障碍，推动部分有意愿并有能力的农业转移人口市民化。因此，需要联合各方面，建立农业转移人口市民化成本分担的机制，推动市民化进程的合理、有序、健康发展。

因此，农业转移人口市民化成本分担机制作为解决我国农业人口转移的根本路径，市民化成本分担就是矫正农民工劳动的制度性贬值与基本权利缺失，实现私人福利与社会福利的统一。

7.1.3　社会发展成本具有外部性

我国农业人口向市民转化的过程中所产生的成本，包括私人发展成本和社会发展成本。私人发展成本如前面章节所述，是参与市民化过程获得收益

---

　　① 张国胜，杨先明. 公共财政视角下的农民工市民化的社会成本分担机制研究 [J]. 云南财经大学学报：社会科学版，2009（1）：90 – 94.

个人或家庭付出的代价，是家庭内部成本 - 收益下做出的理性决策，不存在分担问题。而社会发展是客观的，其最大特点在于具有外部性，并且在最优制度组合下通过合理的措施能够实现外部成本内部化（张国胜、陈瑛，2013）。按照传统定义，当经济主体的活动造成个人与社会之间收益和成本不一致时，外部性就产生了，如个人收益不等于社会收益，或个人成本不等于社会成本。盛洪（1995）将外部成本是否由制度因素引起细分为两类：一是制度外产生的外部性成本，如在正常的产权制度、司法制度和市场制度条件下，仍然产生的外部成本；二是由于制度存在的缺陷所导致的外部成本。当前，我国农业转移人口市民化进程处于经济社会各种体制、制度——城乡二元体制下土地制度、户籍制度等变革的过程中，农民的基本权利存在缺失和被剥离现象，既导致了农民在市民化进程中所应得个人收益相较于社会收益的损失，也造成了农民面临的个人成本大于社会成本的窘境。

参与市民化过程的农业转移人口，大部分群体如前文所描述的沿着"中国路径"先转变为农民工，再进一步向市民转变。对他们而言，农地制度的僵化和承包土地的限制，使得他们不能彻底脱离农村，即使决绝地进入城镇，由农地流转所能获得的收益也是微乎其微，更不用说融入城市；城乡二元户籍制度的存在，在很大程度上限制了由乡到城人口的流动自由。现有的土地制度和户籍制度已经对农业人口的流动和权益造成了扭曲，他们所能从中获得的收益，相比他们在城镇工作带来的社会收益，要小得多，"在城镇建房者，却不是住房者"就是一个鲜明的佐证。尽管目前在宏观层面上，土地制度和户籍制度对农业转移人口市民化的扭曲在逐渐消除，并开始对其赋予新的活力，但是这种活力严重依赖地方政府的治理方式。地方政府所重点关注的不是多少农民进城了，而是招商引资、工业园区开发和本地经济增长。地方政府更倾向于同企业结成联盟，而不是与农民共谋福利，甚至将农民的权益保护责任排除在外（Lee，2007），将农民工的低工资看作市场机制作用的结果（图7-3）。在这种情况下，进城的农业劳动者福利和工资依然没有实质性改变，他们获得的工资水平仍然维持在 P_2，而没有矫正到劳动市场的均衡价格水平 P_0。此时，人口流入的地方政府、所在地企业和其他经济行为主体从农民劳动中享受到的农民工权益损失及人口红利的收益为三角形 OBC 的面积，而由此产生的各种费用，如农民工工资维权费用、上岗培训费和社会保障费用等负效益却由农民工自身承担，大小为三角形 OAB 的面积，可见，农业转移人口在城镇的私人收益与城镇收益是存在严重外部性的。

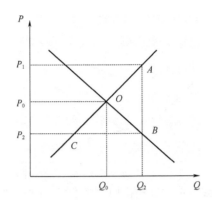

图 7 - 3　农业转移人口市民化收益的外部性

从社会发展成本的外部性看，一方面，农业转移人口在城乡之间的大规模流动，给公共交通部门带来异常的管理成本；另一方面农业转移人口的市民化，需要建设更多城镇公共物品、提供更多公共服务及城镇管理成本等。如果没有有效的成本分担机制，就会影响到劳动和社会资源的优化配置和合理使用，甚至造成经济体的福利损失。图 7 - 4 展示了在二元体制下，农业转移人口市民化过程与流入地政府之间就社会发展成本外部性的解决方案。图中，PC 代表了由农业转移人口承担的市民化社会发展成本曲线，GC 为政府承担的市民化社会发展成本曲线，ZC 为市民化产生的直接社会发展成本。以刘易斯拐点为农村劳动力向城镇有限和无限供给的理论依据，以此决定农业转移人口在市民化成本分担方面的谈判能力。社会发展成本本身具有外部性，在成本总数一定的情况下，农业转移人口承担的多，由政府承担的必然减少，所以有了 GC 曲线右上倾向，PC 曲线向右下倾斜。假定刘易斯拐点出现后，农业转移人口有了更大的谈判能力，迫使政府和农业转移人口恰好在 E 点达成共识，这时由农业转移人口承担的社会发展成本与政府所承担的数量相同，市民化成本的外部性得到了内部化解决，否则，无论在 E 点的左侧（$PC >$ GC）还是右侧（$PC < GC$），都存在着市民化成本的外部性。

因此，从外部性的角度，无论是因为农业转移人口市民化中转移人口的个体收益小于社会收益，还是因为社会发展成本在承担上的不均等，都需要建立合理、有效的市民化成本分担机制，改变外部性问题带来的不公平，促

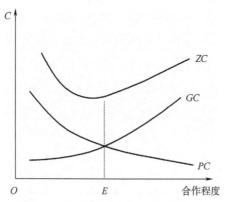

图 7-4　农业转移人口市民化成本的外部性

进个体收益与社会收益、个体承担成本与社会承担成本的内部化，彻底纠正外部性带来的收益和成本扭曲，更好地促进农业人口向市民的有序转化。

7.1.4　城乡劳动要素交换不平等

　　城乡要素的平等交换应成为农民权利转化和保护的基本原则（魏建、魏安琪，2015）。在城镇化的大潮中，农民为城镇供给了丰富的劳动力、赖以生存的土地、丰盛的农产品，但是城乡要素的不平等交换导致难以形成有效推动农民稳定转移出去的制度安排，更不能激励进城农民的消费潜力，这严重制约了城镇化质量的提高。因此，城乡要素的平等交换是新型城镇化进程中农民权利转化和保护的基本要求。

　　二元体制下，进城后农民的权利体系将转变为城镇体系，以农民身份为基础的权利不再存在，集体 - 村民的双层权利体系将瓦解，作为村民权利支撑的村组织会消失或发生转化和瓦解。集合政治、经济、社会功能为一体的村组织在组织形式上将分化为不具有统一性的政治组织、经济组织和社会组织，分别行使各自的功能。更重要的是，这些新生组织与进城农民之间的关系不再是集体与成员，而是重新形成的个体 - 组织之间的法律关系。其中，土地权利消失是最为重要的变化，村组织和农民都失去了原来无偿获得的土地权利，获得的是城镇体系下的房屋产权。

　　由双层权利体系转变为个体权利体系是进城农民面临的权利转变。在此转变的过程中，原来在集体支持和保护下的农民，进入城镇后要依靠自身的能力来支付城镇化生活和发展的成本。但是对于农民个体负有保障责任的农民的集体成员权在转化过程中被忽视，没有顺利转化为城镇化生存中对农民的保障。其中关键在于，承载着双层权利的土地要素在交换过程中，一是没有将集体责任制度化地转化为对农民个体权利的保障，二是政府垄断土地市场过度挤占土地红利。这样，进城农民就只能依靠自身的劳动力在城镇中发展，但又由于制度分割导致的歧视等原因，农民的劳动力要素价格也被抑制在较低的水平上。由此，农民的生产要素总体上被以较低的成本纳入到了城镇化之中，用以较快地推动中国的城镇化进程，农民和农村再次为中国的发展做出了重大贡献。

7.2　农业转移人口市民化成本分担机制的演化博弈分析

7.2.1　成本分担机制的演化动力因素

随着我国城镇化和人口计划生育的施行，农村人口向城镇转移的情况开始发生根本性转变，农村劳动力已从无限供给向有限供给转变，即刘易斯第一转折点提前到来（高铁梅、范晓非，2011）。自2004年以来，东南沿海地区（特别是广州）屡次出现的"民工荒"，虽然根据Minami准则还不能确认中国进入了刘易斯第二转折点，但是实证研究已经证明中国经济社会已经越过了刘易斯第一转折点（卿涛，等，2011），表现为农村剩余劳动力在年龄结构上有很多分化，中年以上劳动力供给相对过剩，但年轻劳动力呈现出有限供给局面（崔传义，2007）。刘易斯拐点的到来，意味着参与城镇非农产业活动的农民工开始减少，对政府而言，人口红利在逐渐消失。在农业转移人口市民化过程中，市民化成本在政府与农业转移人口之间进行分担，当某地政府分担市民化成本较少时，农民工就会用脚投票，流向市民化成本分担多的地方，引起部分地区用工短缺。因此，在刘易斯拐点下，无论是中央政府还是地方政府，都有动力分担农业转移人口市民化成本，中央政府是为了实现以人为核心的新型城镇化战略，地方政府则为了更好地吸引劳动要素流入，促进地方保持活力和健康发展。但是，在资源稀缺条件下，成本分担是政府财政资源的一种消耗，需要在财政支出方面做出调整和再分配，并非随意为之。根据政府和农业转移人口对市民化进程的不同策略选择，本书构建一个演进式博弈模型来研究市民化成本分担的演进过程，并试图获得合作均衡下，外部利益内部化的演化稳定策略。

假设政府对市民化成本分担策略有两种（合作，不合作），合作代表政府与农业转移人口共同分担市民化成本，不合作代表政府不参与市民化成本的分担，所有成本由农业转移人口自身承担。农业转移人口的策略选择也有两种（市民化，维持现状），市民化代表农业转移人口通过进城打工或接受征地行为，成为市民；维持现状是指农业转移人口不乐于成为市民，仍然保持现有生活状态。进一步地，设政府在分担市民化成本之前的固有收益为 T；政府参与市民化成本分担，即合作策略，农业人口向城镇转移带来的额外收益为 S；与农业转移人口合作，分担的市民化成本为 C_1；对农业转移人口而言，设参与市民化获得收益为 R；承担的市民化成本为 C_2。当政府不参与市民化成本分担时，即不合作策略，这时政府获得收益要低于合作下的收益，设这个比例为 θ（$0 < \theta < 1$），则有不合作策略下政府收益为 θS。同样，农业转移人口的收益也下降到一个比例 δ（$0 < \delta < 1$），即市民化收益为 δR。政府和农业转移人口各自承担的所有成本为 0 和 C，可见 $C > C_2$，如果农业转移人口选择维持现状，设获得收益为 R_0，根据现实情况而言，所获得收益要小于市民化收益，即 $R_0 < R$。由此可得政府和农业转移人口各自的支付矩阵，如图 7-5 所示。

农业转移人口

		市民化	维持现状
政府	合作	$T+S-C_1$，$S-C_2$	$T-C$，R_0
	不合作	$T+\theta S$，$\delta S-C$	T，R_0

图 7-5　政府和农业转移人口市民化成本分担支付矩阵

7.2.2　成本分担机制的演化均衡过程

演化均衡（EE）是演化动态过程的任一渐进稳定（asymptotically stable）

不动点，既可以是一个稳定状态，也可以是一个动态方程的不动点，一般用马尔萨斯动力系统方程 $F(x)$ 的斜率符号来确定，当 $dF(x)/dx < 0$ 时，得到的稳定状态具有稳定性。[①] 下面将建立随时间 t 演化的马尔萨斯动力系统方程，用来分析政府和农业转移人口参与市民化成本分担的演化均衡解。首先，设政府采取合作策略的概率为 p（$0 \le p \le 1$），则不合作的概率为 $1 - p$；农业转移人口采取市民化策略的概率为 q（$0 \le q \le 1$），则采取维持现状策略的概率为 $1 - q$。p 值大小来自合作策略的参与者占总体的比重，q 值大小来自市民化策略参与者占总体的比重。[②] 于是有：

随时间 t 合作模式的政府增长率马尔萨斯动力学方程为：

$$F(p) = \frac{dp}{dt} = p(1-p)[-C_1 + q(S - \theta S)] \qquad (7-1)$$

随时间 t 市民化模式的农业转移人口增长率马尔萨斯动力学方程为：

$$F(q) = \frac{dq}{dt} = q(1-q)[p(R - \delta R + C - C_2) + \delta R - C - R_0] \qquad (7-2)$$

分别对 $F(p) = 0$ 和 $F(q) = 0$ 求解，可以得到政府合作比例的稳定解 $p = 0$ 或 $p = 1$ 或 $q = \dfrac{C_1}{S(1 - \theta)}$；农业转移人口市民化比例的稳定解 $q = 0$ 或 $q = 1$ 或 $p = \dfrac{R_0 - \delta R + C}{R(1 - \delta) + C - C_2}$，由此得到五个局部平衡点 $(0, 0)$、$(0, 1)$、$(1, 0)$、$(1, 1)$ 和 $\left(\dfrac{R_0 - \delta R + C}{R(1 - \delta) + C - C_2}, \dfrac{C_1}{S(1 - \theta)}\right)$。进一步，演化均衡策略（ESS）是由微分方程系统通过雅克比矩阵的局部稳定分析得到的。[③] 由上述两方程可得马尔萨斯动力方程的雅克比矩阵的行列为：

$$\det J = (1 - 2p)^2[-C_1 + q(S - \theta S)][p(R - \delta R + C - C_2) + \delta R - C - R_0] - pq(1-p)^2(S - \theta S)(R - \delta R + C - C_2) \qquad (7-3)$$

雅克比的迹为：

$$trJ = (1 - 2p)^2[-C_1 + q(S - \theta S)] + (1 - 2p)[p(R - \delta R + C - C_2) +$$

————————

①　克里斯丁·蒙特，丹尼尔·塞拉. 博弈论与经济学 [M]. 张琦，译. 北京：经济管理出版社，2005：243.

②　以下模型的建立和思路借鉴了谌新民、周文良（2013）对农业转移人口市民化成本分担的博弈分析，所不同的是本书将政府合作概率与农业转移人口市民化概率区别对待，因为不同的行为主体不可能有相同的策略选择概率。

③　FRIEDMAN D. Evolutionary games in economics [J]. Econometrics, 1991, 59：673 –666.

$$\delta R - C - R_0]$$ (7-4)

根据演化稳定策略（ESS）的要求，当所有的根都小于零时，系统在局部均衡点处于稳定状态，所以将五个局部均衡点分别代入上述两式，求出雅克比行列式和雅克比迹的值，然后根据所得根的符号，确定演化稳定策略（ESS）。例如，当取局部均衡点 $(0,0)$，即 $p=0$，$q=0$，代入雅克比行列式得：$\det J = -C_1(\delta R - C - R_0)$，根据前面假定知道农业转移人口市民化的收益略高于非市民化收益，但并不足以弥补市民化成本（否则，就不需要政府参与市民化成本分担了），所以括号内数值为负值，整个雅克比行列式乘积大于零，即 $\det J > 0$。然后 $p=0$，$q=0$ 代入雅克比的迹可得：$trJ = -C_1 + (\delta R - C - R_0)$，由于括号内为负值，所以整个 $trJ < 0$。由 $\det J > 0$ 和 $trJ < 0$ 知其两个特征根相乘为正，相加为负，所以两个特征根的符号都为小于零的负值，因此，局部均衡点 $L_1(0,0)$ 是其中的一个演化均衡策略（ESS），即政府不合作和农业转移人口维持现状。

同理，可以得到另一个 ESS 策略 $L_3(1,1)$，即政府合作分担市民化成本和农业转移人口市民化，另外获得两个不稳定点 $(1,0)$ 和 $(0,1)$，以及一个鞍点 $K^*\left(\dfrac{R_0 - \delta R + C}{R(1-\delta) + C - C_2}, \dfrac{C_1}{S(1-\theta)}\right)$。图 7-6 具体描述了政府和农业转移人口动态博弈过程及其策略均衡的演进过程。从图中可以看出，演化稳定策略只有两个点 L_1 和 L_3，其余不稳定的点将随着不同路径向两个稳定策略演进。以鞍点所在为中心，以 pq 为对角线，位于左侧的都收敛于政府市民化成本分担不合作和农业转移人口维持现状；位于右侧的都收敛于政府对市民化成本分担合作和农业转移人口市民化。

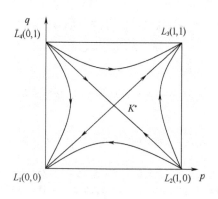

图7-6　政府和农业转移人口演化稳定策略动态过程

7.2.3　几个重要变量对演化均衡的影响分析

1）政府为农业转移人口市民化承担的成本 C_1

在 7.2 节部分，设政府为支持农业转移人口市民化，与农业转移人口合作策略下，分担市民化成本的量为 C_1，通过演化均衡分析获得鞍点 K^*，在该处分别对 C_1 求偏导可以得到：$\dfrac{dp}{dC_1} = 0$，$\dfrac{dq}{dC_1} = \dfrac{1}{S(1-\theta)} > 0$。也就是说，当政府分担更多的市民化成本时，将提高农业转移人口市民化的概率，鞍点将向右上方移动，最终收敛于（合作，市民化）的稳定策略。市民化成本是影响农业转移人口市民化的重要经济障碍，在农民收入和家庭财富积累不足、参与城镇化进程需要付出更多经济成本时，市民化的意愿将大大降低（姚植夫、薛建宏，2014）。如果政府能够通过财政等手段，分担部分市民化成本，为农业转移人口市民化提供资金资助，将提高农业转移人口市民化的概率，从而达到一个稳定状态。

2）农业转移人口市民化给政府带来的额外收益 S

同样，在鞍点 K^* 处，分别对 S 求偏导，可以得到：$\dfrac{dp}{dS} = 0$，$\dfrac{dq}{dS} = -\dfrac{C_1(1-\theta)}{(S-S\theta)^2} < 0$。即，当市民化过程给政府带来的额外收益增加时，将导致农业转移人口市民化的概率降低，最终将从不稳定均衡的鞍点位置逐步演化为（不合作，维持现状）的稳定策略。政府从市民化进程中获取的收益越大，相对的农民获取的收益就会越少，通过压榨式地获取廉价劳动力，同城不同权，同工不同酬等，农民工大多就业在"脏、累、差"的行业，虽然为城镇在这些行业创造了劳动价值、政府创造了额外 GDP，但是，政府获得的类似收益越大，对农民工的非市民化待遇现象越严重，会极大地打击农业转移人口市民化的意愿。自然，当农业转移人口市民化概率为零时，也就不存在市民化成本分担问题，因此，政府也不需要在市民化成本分担上采取合作策略，最终的稳定策略是（不合作，维持现状）。

3）农业转移人口在市民化过程中承担的市民化成本 C_2

在鞍点 K^* 位置，分别对 C_2 求偏导，可以得到：$\dfrac{dp}{dC_2} =$

$\dfrac{R_0 - \delta R + C}{[R(1-\delta) + C - C_2]^2} > 0$，及 $\dfrac{dq}{dC_2} = 0$。说明，当农业转移人口所分担的市

民化成本越高时，政府参与市民化成本分担的概率就越大，将促使稳定均衡策略向（合作，市民化）演进。这不难解释，政府在财政收入既定的情况下，不愿也没有能力承担更多的其他方面的支出，而当农业转移人口能够在市民化过程中承担更多市民化成本时，政府又可以从城镇化进程中获得更多收益，自然更加乐于承担部分市民化成本，推动农业人口向城镇转移。

4）农业转移人口市民化过程中获得的收益 R

同样地，于鞍点 K^* 位置，分别对 R 求偏导，得到：$\dfrac{\mathrm{d}p}{\mathrm{d}R} = \dfrac{(\delta - 1)R + \delta C_2 - C}{(R - \delta R + C - C_2)^2} <$

0，以及 $\dfrac{\mathrm{d}q}{\mathrm{d}R} = 0$。可见，当农业转移人口从市民化过程中获得较高收益时，将降低政府参与成本分担的概率，最终导致鞍点演进成（不合作，维持现状）的稳定策略。当前我国市民化过程面临复杂制度约束，为使农业转移人口突破户籍制度限制、土地制度约束和公共服务制度等的制约，让农业转移人口在市民化过程中获得更多收益，这几乎是步入"改革的深水区"。农业转移人口的收益更多来自新制度对旧制度的扬弃，需要下大气力进行改革，如果改革不能深入，市民化过程中产生的外部性成本将很难实现内部化。

综上所述，通过利用马尔萨斯动力系统方程和演进式博弈分析，可以看出，在目前我国农业转移人口市民化过程中，政府和农业转移人口在市民化成本分担方面的博弈具有双重均衡点。对市民化成本产生不同影响的因素，将在很大程度上促进局部均衡不稳定点分别通过不同演进路径向演化稳定策略收敛。但是，农业转移人口参与成本分担的谈判能力也将提升，市民化后带给政府的收益也是可观的，将进一步有利于政府在市民化成本分担合作策略下，实现外部成本内部化。

7.3 包含土地增值收益的成本分担机制多元博弈分析

上一节仅是从政府和农业转移人口两者的角度，整体上分析了双方在市民化成本分担方面的博弈策略，具有抽象概括的特点。通过 4.2 节可知，我国农业转移人口市民化的方式变得多样化，一方面是因为农民市民化群体发生了分化，如苟兴朝（2014）将我国农民市民化群体分为了进城农民工、城郊失地农民、乡镇企业职工和农村居民四个亚群体。另一方面是因为经济理性因素和政策的非理性因素导致农业转移人口市民化表现出"殊途同归"的局面。本节将利用完全信息下三方博弈模型，结合土地收益对农业转移人口市民化的影响，探讨主动市民化和被动市民化进程中农业转移人口、地方政府和中央政府三者之间的多元博弈策略。[①]

7.3.1 成本分担机制多元博弈的条件和模型选择

结合前面章节的分析，农业转移人口市民化"中国路径"在经济理性和政策非理性驱动下，沿着主动市民化和被动市民化两个方向进行。主动市民化是农业转移人口或家庭，基于理性经济人的预期收益和成本进行市民化决策；被动市民化是指地方政府调整土地规划政策，征用农地，使得居住生活其上的农业人口或家庭不得不向市民转化，动力来自土地城镇化政策驱动，背后的逻辑来自地方政府对土地增值收益的追求（周飞舟，2010）。同样，在7.1节分析了农业转移人口市民化成本分担的原因，提出了农业转移人口市民化成本在区别私人发展成本和社会发展成本的基础上，应注重政府在社会发展成本分担方面的积极性。既然土地增值收益是地方政府推动失地农民市民化的重要动力，那么由此引发的被动市民化成本也要由政府一并承担，这既是出于公平正义的角度考虑，也是体现政府关注民生、促进社会和谐发展的政治目标。

因此，本节市民化成本分担的博弈满足以下四个条件：一是完全信息假设，针对地方政府的征地行为规范及征地增值收益的分配，各地政府均有政策法规明文规定，参与征地行为的各方当事人对此都有完全的认知。如新增建设用地的有偿使用费（中央政府提30%，地方政府自留70%）、对被征地农民的四项补偿、城镇土地使用税的征收标准（中央政府和地方政府各提50%）等。二是在以人为核心的新型城镇化过程中，无论中央政府还是地方政府为提高城镇化质量、改善民生等，更加注重市民化策略的非经济因素，因此地方政府和中央政府的博弈策略既包括经济理性又包括政策非理性。三是地方政府和中央政府在经济理性的基础上，兼顾社会发展成本的社会性和

---

① 在博弈分析的思路上，借鉴了蔡瑞林、陈万明、张丽丽（2015）对农业转移人口市民化社会成本分担的博弈分析，本书不同之处在于分析中，一方面简化了各级政府的间接税收入，因为间接税在市民化过程中很难界定，多余的变量只能使分析逻辑混乱，支付矩阵罗列冗长；另一方面，对逻辑分析中存在的冲突之处做了优化和发展。

民生保障作用，因此引入民生效用函数衡量社会和谐程度和市民化的满意程度。四是农业转移人口市民化后享受的城镇公共物品和服务来自地方政府和中央政府的共同财政支出。

7.3.2 成本分担机制多元博弈模型的构建

根据以上设立的博弈分析条件和第五章对农业转移人口市民化成本的分类，本节对各变量及其含义设定如下（表 7 – 3）。需要说明的是，$U(x)$ 用来表示政府的民生效用函数，表示社会和谐程度和市民化给农业转移人口带来的满意程度，$U(x)$ 是关于 x 的单调递增函数。x 的具体值取决于中央政府或地方政府在市民化社会发展成本中分担的比例 λ 或 μ，即中央政府或地方政府在市民化社会发展成本上，分担比例越大，社会越和谐、农业转移人口对市民化的满意程度越高。另外，由于农业转移人口市民化的社会保障和公共福利的投入、被动市民化下农业转移人口的保障性住房投入及市民化后的子女教育投入均来自政府财政支持，所以分别将其设定为地方政府和中央政府承担社会发展成本比例的二元函数，即 $R_g(\lambda,\mu)$，$R_{2h}(\lambda,\mu)$ 和 $C_e(\lambda,\mu)$，其中 $0 \leqslant \lambda \leqslant 1, 0 \leqslant \mu < 1$，且 $0 \leqslant \lambda + \mu \leqslant 1$，前两个函数关于 λ 和 μ 都是单调递增函数，农业转移人口承担的子女教育成本函数 $C_e(\lambda,\mu)$ 关于 λ 和 μ 为递减函数，即地方和中央政府在教育投入上越多，农业转移家庭承担的越少。

表 7 – 3 多元博弈模型的各变量及含义说明

变量	具体含义	变量	具体含义
R_w	市民化后的工资性收入	$C_e(\lambda,\mu)$	市民化后随迁子女教育成本
$R_g(\lambda,\mu)$	市民化后社保和公共福利收益	C_j	市民化后就业与生活成本
R_{1l}	主动市民化土地转租收益	C_p	市民化产生的社会发展成本
R_{2l}	被动市民化征地补偿收益	C_{1q}	主动市民化迁移成本
$R_{2h}(\lambda,\mu)$	被动市民化下保障性住房价值	C_{1h}	主动市民化住房成本
T_i	地方政府因人口转移获得的工业部门税费	C_{2l}	被动市民化土地使用机会成本
T_c	地方政府因人口转移获得的消费税费	α	地方政府征收土地直接税自留比例
T_l	农用地非农化产生的直接税收	β	地方政府征收土地出让金自留比例
S_c	农用地非农化土地出让金	λ	地方政府承担 C_p 的比例
$U(x)$	民生效用函数	μ	中央政府承担 C_p 的比例

用 R 表示主动市民化和被动市民化两种策略下，农业转移人口直接从土地上所获得的收益之差，记 $R = R_{1l} - (R_{2l} - C_{2l})$；用 $C = C_{1q} + C_{1h}$ 表示主动市民化产生的迁移和住房成本支出。由此可以得到农业转移人口在主动市民化和被动市民化策略上选择的条件，即当 $R - R_{2h} > C$ 时，农业转移人口市民化从土地上获得的收益差在经过保障性住房价值折抵后，仍能弥补主动市民化产生的迁移和住房费用，则农业转移人口将选择主动市民化方式。

地方政府的策略选择包括合作和不合作，合作是指地方政府对农业转移人口市民化成本中社会发展成本 C_p 部分或者全部承担；不合作是指地方政府完全不承担市民化产生的社会发展成本 C_p。但是，在被动市民化过程中，由于政府征收了农民土地，使得农业转移人口失去了土地使用权，地方政府必须采取合作策略，承担市民化社会发展成本 C_p 及随迁子女的教育成本和保障性住房成本，即中央政府支付后的剩余部分。

中央政府的备选策略包括配合和不配合。配合是指中央政府配合地方政府推进农业转移人口的市民化，通过财政转移支付手段承担部分市民化社会发展成本；不配合就是不参与市民化社会成本分担。根据以上的变量设置和分析，可以获得主动市民化和被动市民化情形下三方博弈的支付矩阵，如表7-4和表7-5所示。

表7-4 主动市民化情形下三方博弈支付矩阵

行为选择	地方政府	中央政府	农业转移人口
地方政府合作			
中央政府配合	$T_i + T_c + U(\lambda) - \lambda C_p$	$U(\mu) - \mu C_p$	$R_w + R_{1l} + R_g(\lambda,\mu) - [C_{1q} + C_{1h} + C_j + C_e(\lambda,\mu)]$
中央政府不配合	$T_i + T_c + U(\lambda) - \lambda C_p$	$0 + U(0)$	$R_w + R_{1l} + R_g(\lambda,0) - [C_{1q} + C_{1h} + C_j + C_e(\lambda,0)]$
地方政府不合作			
中央政府配合	$T_i + T_c + U(0)$	$U(\mu) - \mu C_p$	$R_w + R_{1l} + R_g(0,\mu) - [C_{1q} + C_{1h} + C_j + C_e(0,\mu)]$
中央政府不配合	$T_i + T_c + U(0)$	$0 + U(0)$	$R_w + R_{1l} + R_g(0,0) - [C_{1q} + C_{1h} + C_j + C_e(0,0)]$

表7－5　被动市民化情形下三方博弈支付矩阵

行为选择	地方政府	中央政府	农业转移人口
地方政府合作			
中央政府配合	$\alpha T_l + \beta S_c + T_i + T_e +$ $U(1-\mu) - (1-\mu)C_p$	$(1-\alpha)T_l + (1-\beta)S_c +$ $U(\mu) - \mu C_p$	$R_w + R_{2l} + R_g(1-\mu,\mu) +$ $R_{2h}(1-\mu,\mu) -$ $[C_{2l} + C_j + C_e(1-\mu,\mu)]$
中央政府 不配合	$\alpha T_l + \beta S_c + T_i +$ $T_e + U(1) - C_p$	$(1-\alpha)T_l +$ $(1-\beta)S_c + U(0)$	$R_w + R_{2l} + R_g(1,0) +$ $R_{2h}(1,0) -$ $[C_{2l} + C_j + C_e(1,0)]$
地方政府 不合作			
中央政府配合	$\alpha T_l + \beta S_c + T_i + T_e +$ $U(1-\mu) - (1-\mu)C_p$	$(1-\alpha)T_l + (1-\beta)S_c +$ $U(\mu) - \mu C_p$	$R_w + R_{2l} + R_g(1-\mu,\mu) +$ $R_{2h}(1-\mu,\mu) -$ $[C_{2l} + C_j + C_e(1-\mu,\mu)]$
中央政府 不配合	$\alpha T_l + \beta S_c + T_i +$ $T_e + U(1) - C_p$	$(1-\alpha)T_l +$ $(1-\beta)S_c + U(0)$	$R_w + R_{2l} + R_g(1,0) +$ $R_{2h}(1,0) -$ $[C_{2l} + C_j + C_e(1,0)]$

注：由于假设政府征地行为导致农业转移人口失去了土地使用权，因此必须对失地农民家庭的市民化成本分担做出"合作"策略，在此处具有"强制性"的约束使得地方政府两种策略下对应的三方收益保持不变。

7.3.3　成本分担机制多元博弈均衡分析

通过以上的支付矩阵可以获得地方政府和中央政府在分担市民化社会发展成本和子女教育投入方面存在不同的比例，由此带来农业转移人口获得的社会保障及公共福利的水平与子女教育费用承担方面不一致。通过对比主动市民化和被动市民化在这个分担比例上的差异，可以进一步判断农业转移人口市民化的策略选择。对农业转移人口获得的社会保障与公共福利差异方面，通过对中央政府两个策略与地方政府两个策略的组合，可以得到四组主动市民化与被动市民化在社会保障、公共福利水平上的差值，记作 ΔR_g^i，$i = 1,2,$ $3,4$。如，$\Delta R_g^1 = R_g(\lambda,\mu) - R_g(1-\mu,\mu)$ 表示在地方政府合作和中央政府配合下，主动市民化农业转移家庭比被动市民化家庭多获得的社会保障与公共福

<<< 150 >>>

利收益。由于 $0 \leq \lambda + \mu \leq 1$ ，且 $R_g(\lambda,\mu)$ 关于 λ 单调递增，所以 $\Delta R_g^1 \leq 0$ 。同理，可以获得地方政府不合作和中央政府配合下，主被动市民化在社会保障与公共福利之间的差值 $\Delta R_g^2 = R_g(0,\mu) - R_g(1-\mu,\mu) \leq 0$ ；地方政府合作和中央政府不配合下，有 $\Delta R_g^3 = R_g(\lambda,0) - R_g(1,0) \leq 0$ ；地方政府不合作和中央政府不配合下，有 $\Delta R_g^3 = R_g(0,0) - R_g(1,0) \leq 0$ 。

同样地，在农业转移人口子女教育方面的收益差 $\Delta C_e^i, i = 1,2,3,4$ ，在地方政府和中央政府承担比例不同时，主动市民化和被动市民化农业转移人口产生不同的策略选择。如，当地方政府合作和中央政府配合时，主动市民化和被动市民化在子女教育方面的支出差额为 $\Delta C_e^1 = C_e(\lambda,\mu) - C_e(1-\mu,\mu)$ ，由于 $0 \leq \lambda + \mu \leq 1$ ，且 $C_e(\lambda,\mu)$ 关于 λ 单调递减，所以有 $\Delta C_e^1 \geq 0$ 。在地方政府不合作和中央政府配合时，有 $\Delta C_e^2 = C_e(0,\mu) - C_e(1-\mu,\mu) \geq 0$ ；地方政府合作和中央政府不配合时，有 $\Delta C_e^3 = C_e(\lambda,0) - C_e(1,0) \geq 0$ ；地方政府不合作和中央政府不配合时，有 $\Delta C_e^3 = C_e(0,0) - C_e(1,0) \geq 0$ 。

结合前文提到的主动市民化比被动市民化土地使用上多获得的收益 R ，及主动市民化比被动市民化多承担的迁移和住房的费用支出 C ，再结合主动市民化比被动市民化多获得社会保障与公共福利收益 ΔR_g^i 及多支出的子女教育成本 ΔC_e^i ，可以判断农业转移市民的策略选择（主动市民化或被动市民化），即比较 $R + \Delta R_g^i$ 与 $C + R_{2h}(\lambda,\mu) + \Delta C_e^i$ 之间的大小，具体博弈策略均衡见表7-6、表7-7。对中央政府而言，并不需要刻意去承担地方市民化的巨额成本，完全可以通过财政手段或税收政策协调市民化社会发展成本的分担比例。因此，中央政府采取两种策略的依据在于比较"配合"与"不配合"策略之间所产生的效用之差 $U(\mu) - U(0)$ ，与所承担的市民化社会发展成本 μC_p 之间的大小。当前者大于后者时，则采取配合策略，否则采取不配合策略。

从表7-6可见，农业转移人口市民化时，充分考虑了中央政府和地方政府的策略选择，在地方政府选择合作策略对市民化社会发展成本承担一定比例、且中央政府配合地方政府分担部分市民化社会发展成本的情形下，当土地财产收益的差额和市民化后的社会保障与公共福利收益的差额两项之和，高于迁移成本、城镇住房成本、社会保障与公共福利差额及子女教育成本差额各项之和时，农业转移人口才选择主动市民化策略。同样，即使地方政府不愿承担市民化社会发展成本，只要中央政府提供财政支持，也能促进农业转移人口选择主动市民化策略，中央政府成为促进农业转移人口市民化的外在驱动力量。

表7-6 中央政府配合情形下的三方博弈均衡

中央政府效用	$U(\mu) - U(0) \geq \mu C_p$			
地方政府效用	$U(\lambda) - U(0) > \lambda C_p$		$U(\lambda) - U(0) < \lambda C_p$	
农业转移人口效用	$R + \Delta R_g^1 > C + R_{2h}(1-\mu,\mu) + \Delta C_e^1$	$R + \Delta R_g^1 < C + R_{2h}(1-\mu,\mu) + \Delta C_e^1$	$R + \Delta R_g^2 > C + R_{2h}(1-\mu,\mu) + \Delta C_e^2$	$R + \Delta R_g^2 < C + R_{2h}(1-\mu,\mu) + \Delta C_e^2$
三方均衡策略	（主动，合作，配合）	（被动，合作，配合）	（主动，不合作，配合）	（被动，不合作，配合）

表7-7描述了中央政府采取不配合策略下，地方政府和农业转移人口的策略均衡。对地方政府而言，通过比较合作与不合作策略前后带来的效用增量与分担的市民化社会发展成本之间的大小，可以确定策略选择。农业转移人口则进一步根据地方政府的社会发展成本分担比例，确定自己的市民化形式，无论是（主动，合作，不配合）均衡还是（被动，合作，不配合）均衡，都是现实社会中普遍的两种市民化现象。地方政府也在有意或无意中，对农业转移人口市民化成本做出了部分承担，如城镇住房的建设、公共交通等基础设施建设等，都为农业转移人口的市民化提供了客观条件。

表7-7 中央政府不配合情形下的三方博弈均衡

中央政府效用	$U(\mu) - U(0) \leq \mu C_p$			
地方政府效用	$U(\lambda) - U(0) > \lambda C_p$		$U(\lambda) - U(0) < \lambda C_p$	
农业转移人口效用	$R + \Delta R_g^3 > C + R_{2h}(1,0) + \Delta C_e^3$	$R + \Delta R_g^3 < C + R_{2h}(1,0) + \Delta C_e^3$	$R + \Delta R_g^4 > C + R_{2h}(1,0) + \Delta C_e^4$	$R + \Delta R_g^4 < C + R_{2h}(1,0) + \Delta C_e^4$
三方均衡策略	（主动，合作，不配合）	（被动，合作，不配合）	（主动，不合作，不配合）	（被动，不合作，不配合）

总之，在农业转移人口市民化方式为主动市民化和被动市民化情形下，将农业转移人口所拥有的土地使用权带来的增值收益纳入成本分担机制的考察范围，更加切合当前我国城镇化的现实。地方政府以征地行为获取土地由农业用地向建设用地功能转化的增值收益，并对失地农业人口给予补偿或安置；对主动市民化农业人口而言，可以通过土地的承包经营权转租、宅基地转让等获取土地增值收益，为市民化提供部分资金支持。在市民化成本分担方面，地方政府、中央政府和农业转移人口三者分担的范围集中在社会发展成本，具体包括城镇公共物品、公共服务、保障性住房建设、随迁子女教育和社会保障等。各分担主体，结合经济理性和政策非理性决定策略选择。对中央和地方政府而言，对市民化成本的分担，不仅仅考虑"投入和产出"的比较，还更加关注社会和谐与市民化满意程度的民生效用函数。农业转移人口参与市民化的方式，从成本分担、策略选择的角度，只要直接从土地获得的收益之差与市民化后社会保障、公共服务的收益之差两项之和，高于主动市民化下住房和迁移成本、被动市民化获得保障性住房价值和随迁子女教育成本之差各项之和，那么农业转移人口就会选择主动市民化。随迁子女教育成本、市民化社会公共物品成本及保障性住房是地方政府和中央政府支出的函数，说明只要地方政府和中央政府增加社会发展成本分担的比例，都有利于三方博弈实现（主动，合作，配合）策略均衡。无论是对农业转移人口，还是对各级政府而言，都是利大于弊的共赢结局。

7.4　本章小结

　　本章作为一个承上启下的过渡章节，主要解决了两个问题：一是为什么要进行农业转移人口市民化成本分担的问题；二是农业转移人口市民化成本分担机制涉及参与主体的策略均衡问题。

　　第一个问题在于明确市民化成本分担不仅仅是一个经济上的负担问题，还是一个关乎公平正义的社会问题，同时也关乎经济社会的发展。从成本－收益的角度看，农业转移人口的市民化给城镇发展、经济增长和产业结构调整等提供了助力，带来巨大社会、经济效益，但是，参与市民化过程的农业转移人口从中分享的成果却低于社会其他方面，付出的成本却高于其他受惠群体。因此，这既是公平问题，也是成本与收益不匹配问题，需要各级政府为市民化成本做出分担，更好促进农业转移人口的市民化。另外，城乡公共服务不均等，造成城乡居民的社会保障、公共福利等不公平，以及农民工劳动的制度性贬值与基本权利缺失，才形成了目前矫正权利缺失与劳动贬值的资金需求，即农民工市民化的社会成本。社会发展成本的外部性问题，不论是农业转移人口市民化中转移人口的个体收益小于社会收益，还是社会发展成本在承担上的不均等，都需要建立合理、有效的市民化成本分担机制，改变外部性问题带来的不公平，促进个体收益与社会收益、个体承担成本与社会承担成本的内部化，彻底纠正外部性带来的收益和成本扭曲，更好地促进农业人口向市民的有序转化。城乡要素平等交换则是对公平的进一步延伸，倡导农业转移人口劳动要素破除制度障碍，促进劳动要素的自由流动，获得平等交换的权利及公平的劳动市场价格。因此，政府分担市民化的成本，化解制度性壁垒，势在必行。

第二个问题的研究在于剖析市民化参与各个主体（主要包括中央政府、地方政府和农业转移人口）在成本分担机制中的策略选择问题，并明确各个主体在什么条件下，以什么样的方式参与市民化成本的分担，以及由此决定的农业转移人口市民化过程是什么样的。这部分的研究，首先利用演进式博弈分析了政府和农业转移人口二者之间在市民化成本分担方面的演化过程，并对重要变量（如政府承担的市民化成本与额外收益、农业转移人口市民化收益与承担的成本）如何影响演化过程进行了分析，得到两主体博弈下的演化均衡策略（ESS）及不稳定策略向演化均衡策略（ESS）演进的路径等。然后，进一步细化成本分担主体，将政府分为具有高度决策协调能力的中央政府和对人口迁入地具有较高影响能力的地方政府，加上农业转移人口，利用完全信息下三方博弈模型，对三者成本分担主体的策略均衡进行了探讨，获得了中央政府、地方政府和农业转移人口在相互博弈中的最优选择策略，全面的策略分析有助于明确各方主体在市民化成本分担机制中的角色。

以上的研究，将我国农业转移人口市民化路径总体上区分为主动市民化和被动市民化，从研究结论看，被动市民化更多来自政策的非理性，它依附于地方政府"土地财政综合症"（吴越，2011）。在社会发展成本方面，地方政府在征地过程中给予了积极补偿，且被动市民化的发生多少带有偶然的因素，毕竟土地城镇化作为粗放型城镇化发展模式，在新型城镇化背景下已经走弱。所以，下文对我国农业转移人口市民化成本分担机制的构建，更加倾向于解决主动市民化过程中产生的社会发展成本的分担问题。

第 8 章

农业转移人口市民化成本分担
机制的构建

通过以上章节的分析和研究，可知农业转移人口市民化的过程，实质上是人口要素的流出和流入问题，而无论是对流出地还是流入地都会产生明显的外部效应，且正外部性大于负外部性。正是由于正外部性的存在，农业转移人口市民化成本的合理分担成为了亟待研究的又一问题。在不存在农业转移人口市民化成本分担机制的状态下，很可能造成每一个地方政府都希望在农业人口的转移过程中获得尽可能多的正外部效应，而努力规避由此需要承担的各类社会发展成本，诸如城市基础设施建设、维护成本，新迁入市民的社会保障和福利成本，随迁子女的教育成本及其他公共物品和服务成本。这将造成人口流入地政府财政负担及其地方企业税费负担加重，当迁入地政府和企业受到财政和收入硬约束时，势必通过各种措施对人口迁入规模进行限制，或者收紧户籍管理方面政策，由此造成全国范围内对农业转移人口市民化的竞相限制，最终导致"有序推进农业转移人口市民化"面临来自地方政府的各种阻碍，不利于新型城镇化战略的顺利实施。

从目前检索到的关于农业转移人口市民化成本分担方面的文献看，对社会发展成本（有的文献称之为公共成本或社会成本）多主体分担已经达成共识，普遍认为对这部分成本的分担需要构建政府为主、企业为辅和农民参与的多主体成本分担机制。但笔者认为，社会发展成本的分担要区分市民化的方式而后进行分担。如果社会发展成本来自主动市民化进程，无疑是多元化主体共同参与分担，一是因为成本规模大，二是参与分担的主体都是市民化的获益者，也有责任分担。但是，如果是由于地方政府的征地行为产生的失地农民被动市民化引起的社会发展成本，由于政府成为土地增值收益的最大获益者，而失地农民除了获得份额较少的一次性综合补偿后，并不能参与土地出让后续的增值收益分配，而且无法弥补丧失农地使用权带来的机会成本，从社会公平正义上讲，由此产生的市民化的社会发展成本理应由地方政府独自承担，被动市民化下不应存在市民化成本的分担问题。

因此，本章将在前面研究的基础上，尝试构建我国农业转移人口主动市民化下成本分担的有效机制，图 8-1 列示了构建市民化成本分担机制的框架。

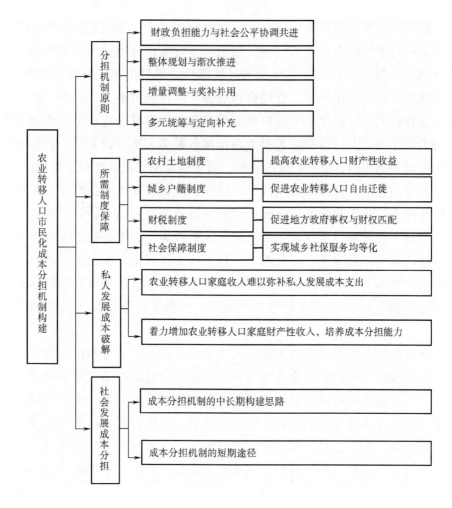

图 8 - 1　农业转移人口市民化成本分担机制的构建框架

8.1　农业转移人口市民化成本分担机制的构建原则

8.1.1　财政负担能力与社会公平协调共进

　　农业转移人口市民化成本分担机制作为化解市民化成本的制度或规则，首要的原则是既保持成本分担能力的可持续性，也要兼顾社会公平。根据

5.4 节对浙江省农业转移人口市民化总成本的测算结果看，社会发展成本是总成本构成的最主要部分，占到总成本的约 86%，而这部分成本分担的主体是中央政府和地方政府。从社会公平的角度看，我国农业转移人口市民化成本是在经济社会二元结构长期存在的国情下产生的，并且经济发展与社会进步的不同步，一方面带来了城镇的繁荣、财政税收的增加，另一方面农村仍处于发展缓慢阶段，城乡差距仍呈扩大态势，随着时间的推移，进城务工的农业转移人口规模不断增加，也使市民化的社会发展成本愈加惊人。

为使农业转移人口分享经济发展成果、平等享受城镇基本公共服务、同等享受工资待遇等，需要政府以财政支出负担市民化过程中产生的巨额社会发展成本。但是，到 2020 年我国有近一亿农业人口向城镇转移，规模大、持续时间久，对财政支出的压力十分巨大。农业转移人口市民化的过程不是一蹴而就的社会现象，保持财政对市民化社会发展成本负担能力的可持续性，是成本分担机制长期有效的重要原则。农业转移人口市民化成本分担的问题，需要以经济的可持续发展为前提条件，不能为实现社会公平而失去财政的经济效率，要既保持财政收支能力，又促进市民化有效推进、协调共进，既不失掉经济发展的持久动力，也不忽视缓慢市民化造成的社会问题等，这应是农业转移人口市民化成本分担机制坚持的首要原则。

8.1.2　整体规划与渐次推进

我国农业转移人口市民化成本分担问题，是一项任务繁重、利益主体复杂、制度障碍重重的兼具经济性和社会性的复杂问题，既需要一个全面、完善的分担机制理论，也需要切实可行的分担办法。为避免机制变革过程中出现理论冲突与不稳定因素，在农业转移人口成本分担机制的构建上，必须坚持整体规划和渐次推进原则。在整体规划上，由中央政府牵头，以顶层设计的方式，从农业转移人口市民化成本分担机制的全局出发，通盘考虑市民化过程给各利益相关主体带来的收益和成本，合理确定市民化成本分担机制的构建问题。具体包括以下两个方面。

1）市民化成本分担机制的内容不同，需要分类指导

目前我国农业转移人口市民化的方式存在分化，既有主动市民化又有被动市民化，还存在乡村企业的职工等。每个市民化方式的成本分担也存在较

大差异，如主动市民化方式涉及随迁子女的教育成本，而被动市民化方式下农业转移人口家庭子女教育多直接就近就地解决。相比之下，主动市民化特别是跨地区的主动市民化家庭的子女，从进入城镇到实现入校，仍面临择校的成本问题。又比如城镇住房成本方面，被动市民化农业家庭可以从政府获得保障性住房，从而不需要额外支出城镇住房成本，主动市民化农业家庭则要自己支付城镇住房的成本。

2) 市民化成本分担机制因地区差距，需要区别对待

我国地域广阔，地区之间的城镇化程度和工业化水平存在很大差距。东部地区城镇化水平较高，基本在 50% 以上，中西部地区相对较低。城镇化率较低的地区，主要有两个方面的原因，一是工业化水平低，不能有效带动农业转移人口向城镇迁移；二是市民化的社会发展成本过高，导致地方政府推动农业转移人口市民化的承担能力不足。基于这些原因，中央政府在规划市民化成本分担机制时，要考虑地区经济发展水平、财政负担能力和当地农业转移人口市民化意愿等方面的因素，因地制宜，而不是采取一刀切式的分担机制，先区分成本和人口流入集中地区，再以渐进式改革的方式，稳妥推进市民化成本分担机制的建立。渐次推进的原则就是在整体规划下，根据成本分担机制在不同地区针对不同市民化方式，在各利益主体分担比例、分担内容上建立不同的分担机制，然后在成功的基础上，再向类似地区进行经验推广，因此，市民化成本分担机制的可复制性，是渐次推进原则的重要方面。

8.1.3 增量调整与奖补并用

在现有中央和地方财政关系的基础上，针对农业转移人口市民化成本分担机制的设计，应坚持增量调整和奖补并用的原则。从"十二五"时期开始，中央政府开始对地方政府的转移支付专项补助的部分资金，以一定的比例划转给农民工集中流入的地区。中央政府这种财政转移支付方式，目的在于对农民工集中流入地政府给予一定的资助，鼓励该地区在城镇化和城乡一体化建设方面取得积极成效。根据学者的研究，仅 2009 年一年，中央政府专项转移支付达到了 240 亿元（申冰，2012）。这部分奖励资金主要用于农业转移人口的子女教育、公共卫生和计划生育、就业培训等，对调动地方政府推动农业转移人口市民化的积极性起到了很大作用。

但是，这种奖励措施都是事后行为，对带动地方政府分担成本的积极性作用有限，可以通过"增量调整、奖补并用"的方式提高地方政府分担农业转移人口成本的动力。从中央政府的角度看，中央政府具有财权和事权分配的最高权力，通过区域统筹、增量挂钩和专项扶持等对农业转移人口跨省流动产生的成本做整体分配，特别是在中央财政转移支付上，兼顾农业人口流出地和流入地的利益关系，统筹考虑农业转移人口对流入集中地和非集中地产生的收益和成本的比较，通过财政转移支付奖励和补助相结合，健全财政专项转移支付对市民化成本分担的缓解机制。

8.1.4　多元统筹与定向补充

　　我国农业转移人口规模庞大，由此带来的市民化成本规模不是仅仅政府、企业和农业转移人口可以轻松分担的。因此，必须联合地方政府、企业和社会福利组织，创新市民化成本融资渠道，"责、利、权"相结合，多元化、多渠道筹集市民化成本，特别是社会发展成本。多元化统筹市民化成本分担渠道，既可以降低中央政府和地方政府的财政支出压力，也可以调动社会资本活力。如在社会发展成本的分担方面，可以采用公私合作（PPP）模式，让民营企业参与城镇基础设施建设、城市管理等公共项目的成本分担，建立起与政府的伙伴关系，使民营资本更多地参与到社会发展成本分担中，以提高市民化效率，降低融资风险，实现利益共享和风险共担。

　　同时，针对部分农业转移人口市民化成本分担的特殊问题，通过建立专项基金，作为定向补充，对符合基金使用条件的农业转移人口家庭给予资金支持，如随迁子女教育基金、空巢老人赡养基金等，分担特殊农业转移人口家庭的成本问题。

8.2　农业转移人口市民化成本分担机制的制度保障

8.2.1　深化农村土地产权制度改革，促进农业转移人口家庭财富增长

　　从我国农业家庭的收入构成来看，财产性收入占比最少，说明我国农业家庭并没有从土地承包权和宅基地房屋等土地资源上获得更多的收益。而由

土地承包经营权和宅基地使用权所隐含的家庭财富，随着城镇化的推进，无论对失地农民还是有意市民化的农业转移人口而言，都受到更多关注。例如，农业转移人口在市民化过程中，对农地使用权和宅基地使用权，倾向于采用流转方式获得流转收益。当这部分收益明显大于失去土地的机会成本时，会很大程度上提高农业转移人口承担市民化成本的能力，进而促进其市民化行为。但是，根据我国现行法律法规的规定，农业转移人口所持有的土地承包经营权和宅基地使用权等核心资产，很难通过流转或其他方式变现，从而导致农业转移人口融入城市的能力不足。

深化农村土地制度改革，就是要尽快完成农村土地确权登记工作，明确农业转移人口土地承包经营权和宅基地使用权的主体和范围，然后探索建立城乡统一的土地使用权交易市场，促进农村集体建设用地和农民土地经营承包权的合理、有偿流转。深化农村土地制度改革，就是尽快放开农业转移人口宅基地及其房屋的处置管制，允许农业转移人口将宅基地使用权及其房屋所有权进行转让、入股或抵押融资。深化农村土地制度改革，就是深化农村土地流转制度改革，提高农地承包经营权、宅基地使用权等的变现能力，为农业转移人口市民化提供财产性收益。

8.2.2　建立城乡一体户籍制度，促进农业转移人口有序流动

我国自 1958 年以来实行的城乡二元户籍制度，严重限制了我国农业转移人口的乡城迁徙，同时，户籍制度背后所承载的社会福利与民生权利也在城乡居民之间划出鸿沟。虽然近年来国家在户籍制度改革上做出了很大努力，部分地区甚至取消了城乡户籍区别，取而代之的是城乡统一的户籍登记方式。但这只是表象，并没有彻底解决城镇居民和农业转移人口享受公共服务的不公平问题，这额外增加了农业转移人口市民化的制度成本。比如，在城镇住房保障问题上，农业转移人口的住房公积金方面与城镇居民住房存在区别，前者可贷公积金数额远低于后者，甚至不可使用。这种有歧视性的制度障碍，产生很大制度成本，导致农业转移人口出现"流而不迁"或者"折返式"市民化现象，阻碍了农业转移人口的自由流动。

8.2.3　创新财税体制，提高地方政府成本分担能力

从目前农业转移人口市民化成本分担情况来看，社会发展成本主要由地

方政府来承担。随着中央对地方事权层层下放，特别是在社会保障筹资方面的高度分权化，使得地方政府承担了较大规模的福利成本。黄勇（2013）的研究表明，城市发展水平越高的地区，地方政府对社会保障和公共福利方面的成本承担比例也越高，甚至完全由地方政府负担。虽然中央政府每年向地方政府下拨各项保障资金，但是这部分资金都与户籍挂钩，导致这部分资金流和人口流不一致，即资金流向了流动人口的迁出地，而非农业人口流入地。这样下拨各项保障资金，人口流入集中的地方政府，一方面获得的中央专项保障资金规模有限，另一方面还要承担由于人口流入带来的社会保险费、随迁子女教育和医疗费用等公共服务支出，是一项不小的财政压力，人口净流出的地方政府则不存在这么大的财政压力。刘锐、曹广忠（2014）的研究表明，户籍人均财政支出与迁入人口落户率呈现明显负相关性，其中与省外迁入人口落户率的相关性比与省内迁入人口落户率的相关性更强。这也解释了越是社会福利好的地区，对省外迁移人口落户限制越严的现象。显然，在这样的中央政府转移支付和公共服务筹资模式下，必然导致地方政府对放开户籍限制存在顾虑，由此也造成农业转移人口市民化成本分担的困难。

创新财税体制的根本目的在于：拓宽地方政府稳定税收收入来源，提高地方政府承担市民化社会发展成本的能力。自1994年分税制改革以来，地方政府的财权范围愈发窄小，而承担的事权压力则不断增加，导致地方政府的财政入不敷出，地方政府债务呈扩大趋势，为解决资金问题，城市建设和地方经济发展都严重依赖土地财政。

图 8-2 和图 8-3 展示了我国 2002 年以来土地出让和财政收入之间的关系，可以看出，土地出让金在大多数年份都占到了财政收入的 50% 以上。但建设用地的资源是有限的，依赖土地财政获得的收入已经远远不能满足财政支出的需要，已到了难以为继的窘境。而如果通过融资平台向银行借款或发行债券筹集资金，不仅筹资成本高而且债务风险大，地方政府不可能依靠现有方式筹足农业转移人口市民化的资金。因此，必须从收入来源和支出责任两方面改革财税体制，从根本上改变地方政府财权与事权的不匹配，减少地方政府事权范围（也就是降低地方政府的支出压力），增加地方政府的税收来源（就是提高地方政府的财权），增加税收来源，为地方政府分担市民化成本提供可靠的财税体制保证。

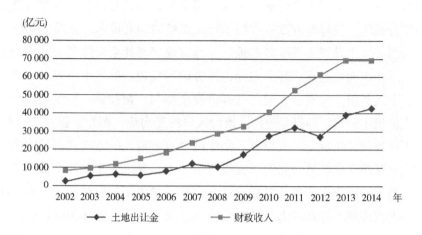

图 8 – 2 2002—2014 年我国土地出让金与财政收入规模

数据来源:《中国国土资源统计年鉴》(2002—2014)、《中国统计年鉴》(2002—2014)。

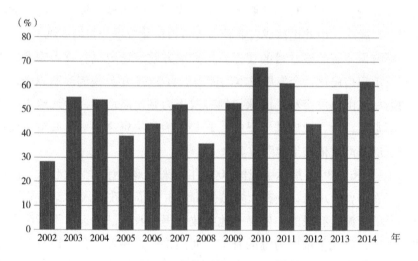

图 8 – 3 2002—2014 年我国土地出让金占财政收入的比重

数据来源:《中国国土资源统计年鉴》(2002—2014)、《中国统计年鉴》(2002—2014)。

8.2.4 建立城乡一体的社会保障制度,实现城乡社保服务均等化

当前,我国城乡之间社会保障制度存在差异,投保标准和投保年限存在不同,造成农业转移人口进入城镇后要重新缴纳保费或补充保费,摩擦性成

本增高。建立城乡一体化的社会保障制度，有助于实现社会保障内容标准一致和保费互转，有利于降低农业人口由农村向城镇迁移过程中产生的制度性摩擦成本。具体做法就是：①建立社会保险城乡转移和跨地区转移办法。联合人力资源和社会保障部、国家发展和改革委员会、财政部等部门，制定社会保险费用转移具体办法，明确农业转移人口养老保险转移到城市养老保险的接续问题。②建立城乡统一的基本社会保障标准和缴费标准。在农村社会保障制度建立晚、保障水平低的现实背景下，统一城乡社会保障缴费内容和标准，对涉及农业转移人口的城乡社保费用差额部分，通过政府财政划拨注资的方式予以弥补。③加强城乡社保资金的运营管理，实现保值增值。通过财政注资和提高社会保障资金的管理水平，进一步增强城市社保体系对农业转移人口的吸纳能力，逐步化解市民化过程中的社会保障成本。

8.3　农业转移人口市民化私人发展成本破解途径

根据前面的研究，本书将农业转移人口市民化的成本区分为私人发展成本和社会发展成本。通俗地讲，私人发展成本是有助于提高农业转移人口家庭效用最大化所付出的代价，同时也是农业转移人口家庭为获得市民化利益必须要突破的经济社会障碍。由于获益主体主要是农业转移人口或家庭，这部分成本原则上不存在分担问题，需要农业人口在市民化过程中自主承担，并遵循家庭市民化决策中的"成本－收益"原则，内生于市民化过程中。政府所能做的是提高农业转移人口承担市民化私人发展成本的能力，增加农业转移人口的家庭收入。

8.3.1　农业转移人口家庭收入概况

我国目前农业人口家庭收入中，占比最高的是家庭经营性纯收入（2012年之前），其次是工资性收入；但随着农业人口外出务工逐年增加，农业家庭纯收入中工资性收入占比在 2012 年首次超过家庭经营性纯收入，如图 8－4所示。

但是，农业家庭中财产性纯收入占比始终处于 2.48% 的水平上下，远低于工资性纯收入和家庭经营性纯收入占比。因此，要充分重视农业家庭拥有土地财产性收入的重要性，通过机制设计增加农业家庭拥有的土地承包经营

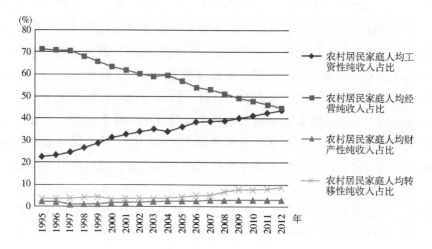

图 8 - 4 我国农民家庭各项人均纯收入比重

注：根据国家统计局官网统计数据整理所得。

权、宅基地产权和村集体建设用地收益分配权等所带来的权益收入，为农业转移人口承担市民化的私人发展成本提供更多资金支持，提高他们分担市民化成本的能力。

8.3.2 着力增加农业转移人口家庭财产性收入

当前，农业转移家庭的收入相比于需要分担的私人发展成本，仍存在很大差距，况且农业转移人口在城镇就业的工资收入总量仍然很低，因此需要着力增加农业转移人口家庭的财产性收益，以降低政府承担市民化成本的负担和压力。

图 8 - 5 描述了笔者基于农业转移人口家庭所拥有的土地、宅基地和村集体建设用地权益等财产性权利而设计的旨在增强农业转移人口家庭承担市民化私人发展成本能力的破解思路。首先，突破市民化私人发展成本的障碍，可立足农业转移家庭共有的土地资产，并将土地资产所具有的各种权利进行财富转换，让农业转移人口实现"带资进城"或"带股进城"。结合我国当前提出的新型城镇化实践及颁布的农地整改法规等，进一步明确农业家庭对土地承包经营权、宅基地产权和村集体建设用地的收益分配权，减少农户家庭土地资产变现的损失。其次，颁布权益证书，作为拥有上述权利的证明。再次，完善农村经营土地流转办法，搭建与国有建设用地交易机制接轨的农

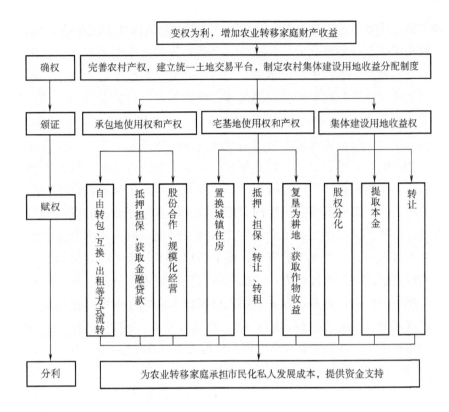

图 8-5　增加农业转移人口财产性收益的思路

村土地交易平台，并建立符合集体与个人利益要求的农村集体经营性土地转变为建设用地的产权流转和增值收益再分配制度。最终，实现农业家庭对土地资产的财产性收益，增加家庭的财产性收入，增强农业转移人口承担市民化私人发展成本的能力。

8.4　农业转移人口市民化社会发展成本分担机制的构建

8.4.1　社会发展成本分担机制的中长期构建思路

1) 中长期总体思路

农业转移人口市民化的社会发展成本是包括了城市公共产品服务在内的

多项市民化成本，具体涉及农业转移人口进入城镇从事非农就业的培训成本、实现社会保障服务均等化的社保成本、突破户籍制度限制的成本、城市安居成本及农地制度产生的机会成本等。但是，社会发展成本的主体部分还是来自各种制度（就业制度、社会保障制度、农地制度、公共服务制度和户籍制度）带来的历史沉淀成本。这部分成本既具有历史积累性，又具有外部性。在具体分担上，有一部分成本可以通过外部成本内部化解决，另一部分则只能通过公共财政进行分担。对该部分市民化成本的分担是一个较长时期的渐进过程，必须依赖某种形式的机制变革。按照成本分担机制整体规划和渐次推进原则，一方面根据机制设计的可操作性，沿着循序渐进的方式创新公共服务制度、社会保障制度、社会发展成本融资制度及就业培训制度；另一方面利用平行推进、相互配合的方式，促进各项制度创新的相互协调与政策的有效衔接。根据对农业转移人口市民化社会发展成本的分析、分担机制设计过程中坚持的原则，本书对农业转移人口家庭市民化过程中的社会发展成本分担机制的中长期设计思路如图 8-6。总体改革的范围包括公共服务制度、社会保障制度、就业制度和社会融资制度四大方面及其相关的 13 个子项目。

2）第一步改革说明

第一步改革是继续向前推进改革，降低农业转移人口市民化的社会发展成本。具体改革项目包括完善城镇配套基础设施、农业转移人口随迁子女公平享受义务教育资源、构建城乡互通的社会保障体系、完善农业转移人口城镇就业培训机制和鼓励社会福利机构参与部分成本分担。完善城镇配套基础设施的目的是为了增强城镇吸纳农业转移人口市民化的能力，满足新增农业转移人口的城市公共服务需要；公平享受义务教育资源，是为了化解农业转移人口随迁子女在城镇接受义务教育所要承担的高额费用，或者因不能入学造成的辍学或延迟就学等问题；城乡互通的社会保障体系，通过建立城乡社会保障内容与保障费用的互通互换，降低农业转移人口市民化过程中养老保险、医疗保险等保费的城乡差额，避免重复缴纳和高额缴纳等；完善就业培训机制，能够为农业转移人口的择业降低成本，并使其获得一技之长，在城镇稳定就业。就业是民生之本，也是农业转移人口在城镇稳定生活、承担市民化成本的重要途径。

3）第二步改革说明

第二步改革是第一步改革基础上的深化，深入到市民化成本分担的主要

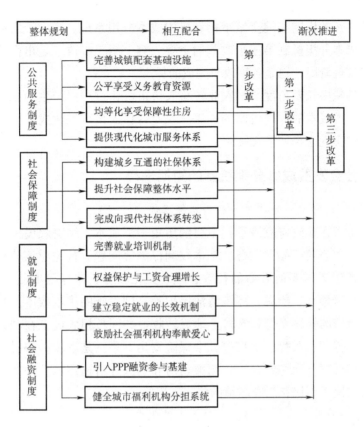

图 8-6 农业转移人口市民化社会发展成本分担机制中长期构建思路

部分。具体包括实现农业转移人口均等化享受保障住房、提升社会保障整体水平、保障农业转移人口权益与工资合理增长、引入 PPP 融资参与基建。保障性住房是农业转移人口进入城镇后的居住之所，均等化享受保障性住房，能够解决农业转移人口市民化过程中最主要的成本支出——住房支出，是化解市民化成本的重要方面。提升社会保障整体水平，是农业转移人口市民化成本分担机制在社会保障制度改革方面的中间一环，既是对实现城乡社保体系互通的深化，也是完成向现代社会保障体系转变的重要改革。引入 PPP 融资参与基础设施建设，有助于降低地方政府的财政支出压力和融资成本，为向农业转移人口提供更好的城市公共服务提供资金保障。

4）第三步改革说明

向农业转移人口群体提供现代化的城市服务体系、社会保障体系，建立稳定就业的长效机制和健全城市福利机构成本分担系统，构成了农业转移人口市民化成本分担机制第三步改革的主要内容。第三步改革是市民化成本分担的最终实现阶段，也是各项改革完成的标志。

以上是从中长期角度，对农业转移人口市民化过程中产生的私人发展成本和社会发展成本的分担机制的构思。农业转移人口市民化成本分担机制短期、具体的实现途径如下文所述。

8.4.2 社会发展成本分担机制的短期途径

1) 地方政府承担公共服务和基本保障成本

农民工所在地政府应该承担主要的历史积累成本，解决农民工市民化过程中所需要的公共产品和服务、基本权利保障等问题。首先应该分担为满足农民工正常生活需要而必需的行政管理、文化教育、体育卫生、交通运输、邮电通讯、给排水、能源、环境清洁保护等基础设施的供给成本；其次应该结合中央政府的转移支付和农村土地流转收益共同负担农民工在城镇长期被拖欠的基本养老、医疗、工伤等社会保险支出；第三是逐步将农民工纳入地区公共住房视野，允许农民工租用廉租房和购买经济适用房，并在此基础上承担现有农民工市民化后在城镇的住房支出等。

2) 中央政府以专项转移支付分担市民化成本

中央政府对农民工市民化的社会成本分担主要体现在两个方面：首先，加大对地方，尤其是中西部农民工集聚城市的专项转移支付。在现代市场经济条件下，地方政府，尤其是基层政府不同程度地都需要依靠上级政府的转移支付为地方居民提供多样化的公共物品和服务。事实上，农民工市民化的社会保障等支出都具有公共性，这些上级政府提出的、为实现公平等社会目标、对特定居民提供的标准化公共物品和服务，由中央政府与地方政府合作供给，这样才能充分调动地方政府的积极性，推动农民工市民化的实现。其次，农民工市民化的一些特殊性支出，如为保障农民工市民化后获得与城镇普通居民一样的劳动技能而发生的人均教育、培训支出等，是中央政府城乡有别制度体系的产物，这些就只能由中央政府负担。

3) 企业分担农业转移人口就业成本

考虑到历史因素，尤其是农民工规模在几十年内的积累、社会成本的历史沉淀以及企业所有者的不断更替，企业分担农民工市民化的社会成本不是要求企业去承担额外的责任，而是要求企业改变用工的理念，正视农民工的权益和发展。只要企业给予农民工正常的工资待遇、福利保障与升迁机会，农民工完全可以依靠自身的力量来逐步增强市民化能力，从而有序与稳定地实现市民化。首先，农民工所在企业要充分尊重农民工的价值，根据来源地的经济发展水平、市场开放水平、消费水平以及劳动力流动的心理成本等因素的变化，相应地提高农民工的工资待遇；其次，要坚决杜绝企业拖欠农民工工资的现象，保证工资如期发放；第三，要改善农民工的工作环境，严格按照国家标准与行业要求，为农民工提供必要的劳动保护条件和职业病防治措施；第四，要保证农民工的基本福利，按照城镇一般水平要求为农民工办理社会保险，为农民工市民化提供基本的保障；最后，要注重农民工的培训与提升，为农民工向上的流动提供、创造必要的条件。

4）其他社会福利机构是成本分担机制的必要补充

虽然说农民工市民化的社会成本主要由农民工流入地政府、中央政府、农民工所在企业与农民工四方共同承担，但是社会大众的帮助也必不可少，大规模的、有系统的社会慈善事业，在帮助低收入者和无劳动能力者，进而缩小社会差距方面，具有不可替代的作用。"慈善事业以及更广泛的控制社会问题的深思熟虑的手段，并不是对进化的'干预'，而是进化的一个基本表现。只要人还是人，还能感受到同类的团结与友爱，这种做法从来不会或缺。"① 因此，应鼓励城镇"先富起来的人"帮助农民工，赞助学校的建设，资助农民工技术培训，鼓励他们投资农民工城市住房等，尽可能减少政府负担的社会成本规模。一般来讲，在社会大众经济实力有限的时候，他们从事的公益事业一般不多，但随着经济的发展、致富群体的扩大、个人财富水平的提高以及社会文明程度的整体进步，城市社会福利机构、社会大众会越来越关注公益事业，也会逐步加大对农民工的关注。

表 8-1 是农业转移人口市民化成本构成、分担主体及资金来源。

---

① 查尔斯·库利. 社会过程［M］. 北京：华夏出版社，2000：189.

表 8-1　农业转移人口市民化成本构成、分担主体及资金来源

市民化类型	市民化成本构成	分担主体	资金来源
主动市民化	城镇生活成本、住房成本、城镇基本社会保障支出、子女教育成本	农业转移家庭	家庭劳动收入、土地流转收益、宅基地收益
	基础设施投资、公共教育、公共卫生、住房保障、社会保障、城市管理成本、就业培训等	地方政府为主中央政府为辅	税收、城镇土地流转收益、地方政府债券收益、财政专项转移支付
	工伤保险、基本养老和医疗保险、企业年金、劳动培训费用、住房公积金	企业	企业经营利润、单位年金等
被动市民化	城镇融入生活成本、住房成本、子女教育成本	失地农民	家庭劳动收入、征地补偿费、房屋拆迁补偿费
	基础设施投资、公共教育、公共卫生、住房保障、社会保障、土地改造成本、就业培训等	市级政府为主镇级政府为辅	税收、土地出让收益、地方政府债券收益等
	工伤保险、基本养老和医疗保险、企业年金、劳动培训费用、住房公积金	企业	企业经营利润、企业年金、征地企业土地级差收益

　　由于农业转移人口市民化成本巨大，政府财力毕竟有限，必须创新融资方式（如 PPP 融资模式），吸引社会资本分担农业转移人口市民化成本。政府分担的市民化成本，大多表现为城市基本设施建设投入和增加公共服务规模，要吸引社会资本参与，必须扩大对社会资本的开放，实行统一透明的准入制度，扫清社会资本参与的障碍。与此同时，要创新投资方式，构建合理的盈利模式，为社会资本参与提供稳定合理的回报，满足社会资本的逐利性要求，提高社会资本参与的积极性，提高全社会分担成本的能力。此外，其他社会组织也是促进市民化成本分担的有益补充。这些社会组织主要指能在农业转移人口市民化过程中提供资金支持、智力帮助和维权指导的组织机构或社会团体，如具有福利性质的收容所、维护农业转移人口基本权利的法律援助组织、为农业转移人口市民化提供资金支持的慈善组织等。

8.5　本章小结

　　本章的研究内容紧紧围绕一个核心问题展开，即农业转移人口市民化成本分担机制的构建。通过上一章的演化博弈分析和完全信息下三方博弈分析，已得出了市民化成本分担是一个利益分配的过程，涉及中央政府、地方政府、农业转移人口或家庭（当然还包括农民工就业的企业）等在农业转移人口市民化过程中应发挥的作用和承担的责任。

　　本章在上一章市民化成本分担主体各方利益博弈的基础上，首先提出了农业转移人口市民化成本分担机制的原则，即市民化成本分担机制的构建应当坚持财政负担能力与社会公平协调并进、整体规划与渐次推进、增量调整与奖补并用、多元统筹与定向补充等原则，为市民化成本分担机制的构建提供了准则，把握了方向。

　　然后，从市民化成本产生的根源出发，并结合市民化成本分担主体的责任划分，提出了保障市民化成本分担机制顺利实现的制度性保障。例如，通过深化土地产权制度改革，提高农业转移人口家庭的财产性收益，增强自身成本分担的能力；深化户籍制度改革，促进我国农业人口乡城自由迁移，并降低户籍背后的福利差距；深化财税体制改革，提高地方政府分担农业转移人口市民化社会发展成本的能力；建立城乡一体的社会保障制度，实现城乡社会保障服务的均等化，降低农业转移人口市民化过程中的制度摩擦成本。

　　最后，探讨了市民化成本分担机制实现的途径，即从私人发展成本和社会发展成本两个方面提出了成本分担机制实现的途径。并且，将私人发展成本的分担主体集中在农业转移人口身上，这部分成本的化解或分担需要通过土地产权制度变革，将农业转移人口所拥有的土地承包经营权、宅基地使用权和集体建设用地的收益分配权，通过确权、登记和赋权，变为农业转移人口的财产性收入，增强其承担市民化私人发展成本的能力。在社会发展成本分担方面，从短期和中长期两个维度，进行了成本分担机制的设计。社会发展成本涉及外部成本和非外部性成本，需要中央政府、地方政府、农业转移人口、企业及其他社会组织共同分担，如地方政府承担公共服务和基本保障成本，中央政府通过奖补并用和定向补充配合地方政府分担成本，企业则负责农业转移人口的就业成本分担，其他组织作为市民化成本分担的必要补充，等等。

　　总之，本章的研究将前面所有章节的研究结论进行延伸，多途径、多角度、多主体构建农业转移人口市民化成本分担机制，既结合了我国的具体实际，也充分考虑了分担机制实施的可行性，以期能够有效化解农业转移人口市民化过程的巨大成本障碍，促进农业人口有效、有序向城镇转移。

第 9 章

研究结论与政策建议

9.1　主要研究结论

9.1.1　我国农业转移人口市民化行为方面

第 4 章以时间顺序，回顾了我国改革开放前后农业转移人口市民化的历程及其阶段性特征，发现农业转移人口的市民化既是社会劳动力在全国范围和三大产业部门之间的再分配过程，也是人口结构在社会发展、制度变迁过程中的刻画，带有每个时代经济发展和社会进步的鲜明烙印。我国农业转移人口市民化的过程不同于世界其他国家城乡人口转移现象，具有特殊的"两步转移"模式——即"农民→农民工→市民"和"农民→征地农民→市民"。这部分的分析得出的主要结论有：

第一，农业转移人口已经成为我国城镇人口增长的主要贡献力量。

第二，相对于农业转移人口市民化的巨额成本，农业转移人口的收入仍然不高。这是由于农业转移人口市民化进程缓慢，造成农业劳动力过剩，第一产业人均收入增长缓慢；城乡人口结构变化滞后于三次产业结构变化，农业转移人口城镇就业困难；土地制度改革红利未能给农业转移人口带来财产性收益等。

第三，"两步转移"模式存在诸多问题，如导致城镇化率失真，造成农民工同工不同酬和同城不同权，限制了内需的扩大，削弱了城市发展的内生动力和活力等。

第四，在农业转移人口经济理性和政策非理性作用下，我国农业转移人口市民化形式表现为主动市民化和被动市民化共存。

第五，第 6 章通过引入土地增值变量，构建以家庭为单位的农业转移人口市民化行为模型，得出最重要的结论是：当土地收益（包括转租、宅基地收益）能够弥补城镇租房支出时，可以极大促进农村人口向城镇转移。土地是农业家庭在农村安身立命之本，也是市民化如若不成功后的最后保障。

9.1.2　农业转移人口市民化成本方面

1）农业转移人口市民化成本产生原因的分析结论

本书从市民化成本分担意义的角度出发，将农业转移人口市民化成本分为私人发展成本和社会发展成本。农业转移人口市民化产生的原因来自中国特殊的制度环境和经济环境，长期存在的二元户籍制度、改革缓慢的土地制度、不健全的城镇就业制度等是引起市民化成本长期存在的重要制度因素；而经济发展权和政治发展权的缺失，是市民化成本产生的间接非制度因素。社会发展成本具有外部性和收益伴生性，而私人发展成本可以在市民化过程中通过内部化解决。

2）农业转移人口市民化成本测算的结论

在5.4节，通过建立农业转移人口市民化成本的多级指标体系，以农业转移人口净流入大省——浙江省为例，通过边际和增量测算方法，对私人发展成本和社会发展成本逐项测算，得出当前浙江省农业转移人口市民化的年度人均私人发展成本为2.31万元，社会发展成本为14.06万元，年度人均市民化总成本为16.37万元。若以2013年浙江省农业转移人口2 226万人计算，则市民化的年度总成本为31 164亿元，相当于浙江省同年度财政收入的4.5倍。因此，农业转移人口市民化成本的规模是巨大的。

9.1.3 农业转移人口市民化成本分担的原因方面

1）农业转移人口市民化过程中，不同的社会主体所面临的成本与收益不匹配

从成本－收益的角度，主动市民化过程对农业人口迁入地和迁出地各级地方政府的正外部性大于负外部性，而且从全国看，农业转移人口的市民化对经济增长、产业结构调整、城镇发展和社会进步也有很大正面影响。因此，农业转移人口市民化的成本分担是各级政府、企业等成本与收益比较的结果，也是解决收益与成本不匹配的逻辑起点。被动市民化过程中，土地增值收益问题成为城乡利益格局的交汇点，追求土地收益成为地方政府土地城镇化的内在逻辑。地方政府在"土地财政"驱动下，征地政策的非理性增加了农业转移人口失去土地使用权的机会成本。

2）农村劳动要素在城乡劳动市场上存在不平等交换

从城乡劳动要素平等交换的角度，农业转移人口市民化的社会发展成本是长期以来我国户籍制度、就业制度、社会保障制度、城乡土地制度等制度失灵的一种"历史性沉淀"，正因如此，我国政府、企业与其他经济行为主体应对农民工的劳动贬值与权利缺失做出"补偿"。

9.1.4 农业转移人口市民化成本分担机制的演化方面

通过演化式博弈分析发现，在目前我国农业转移人口市民化过程中，政

府和农业转移人口在市民化成本分担方面的博弈具有双重均衡点（市民化，分担）和（维持现状，不分担）。同时，政府在市民化过程中获得的收益和承担的成本、农业转移人口在市民化中获得收益和承担的成本，将在很大程度上促进局部均衡不稳定点分别通过不同演进路径向演化稳定策略收敛。

通过完全信息下多元博弈分析发现，对中央和地方政府而言，分担农业转移人口市民化成本，不仅要考虑"投入和产出"的比较，更应关注社会和谐与市民化满意程度的民生效用函数。

从成本分担的角度分析农业转移人口参与市民化的方式，只要直接从土地获得的收益差与市民化后社会保障、公共服务的收益差两项之和，高于主动市民化下住房和迁移成本、被动市民化获得保障性住房价值和随迁子女教育成本之差各项之和，那么农业转移人口就会选择主动市民化。地方政府和中央政府增加社会发展成本分担的比例，都有利于多元博弈实现（主动，合作，配合）策略均衡。

9.1.5 农业转移人口市民化成本分担机制的构建方面

在确定市民化成本分担机制构建原则、明确参与主体层次及各种制度保障后，构建私人发展成本和社会发展成本不同的分担机制：

首先，私人发展成本旨在破解农业转移人口收入增长缓慢，市民化成本承担能力弱的困境。着力增加农业转移人口的家庭财产性收益，沿着确权、颁证、赋权到分利的路径，增加农业转移人口或家庭土地财产的收益，提高自身承担市民化私人发展成本的能力。

其次，社会发展成本分担，从中长期看，需要中央政府和地方政府分别创新公共服务制度、社会保障制度、就业制度、社会融资制度，整体规划、渐次推进，降低市民化过程中的制度性成本；在短期，通过税收收入、土地出让收益、财政专项转移支付及地方政府债券等方式满足公共物品支出和社会服务支出。

9.2 政策建议

根据机制设计理论，结合我国农业转移人口市民化成本的形成、市民化成本分担方面的演化博弈与多元博弈分析，以及市民化成本分担机制构建的思路等，本节对我国农业转移人口市民化成本分担机制的推进提出以下政策建议。

图9-1列示了农业转移人口市民化成本分担机制推进的政策建议。本书以机制设计理论为指导，机制设计理论中的激励机制为主要依据，从激励手段集合、行为导向制度、行为强化制度、行为保持制度和行为归化制度五个方面，针对政府、企业和农业转移人口等不同市民化成本分担主体，从不同的激励机制出发，设计出符合不同分担主体的、有层次和步骤的农业转移人口市民化成本分担的机制。从总体看，中央政府提出的新型城镇化战略具有顶层设计的概念，推动农业转移人口的有序城镇化是从全局角度做出的中长期规划。因此，在农业转移人口市民化成本分担方面，中央政府具有协调各方成本分担主体责任范围和制定相关成本分担方式的历史任务；地方政府则需要根据中央政府的指示和安排，配合和实施。同时，中央政府应为农业人口的有序转移降低甚至清除制度障碍，消除制度性成本。

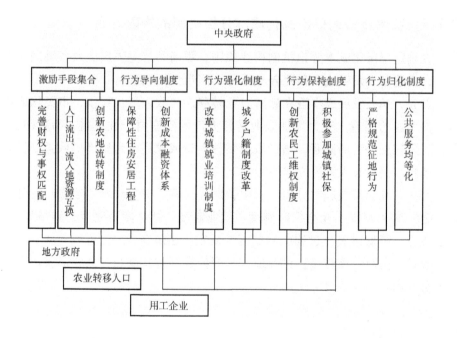

图9-1　基于机制设计理论的市民化成本分担机制政策建议

9.2.1　合理匹配地方政府财权与事权

农业转移人口市民化成本，特别是社会发展成本的分担，主要由人口流入地的地方政府承担。在我国目前财税体制下，地方政府普遍存在财政压力，特别是中央政府新型城镇化的推出很大程度上遏制了土地财政带来的巨大收入，再要求地方政府承担市民化社会发展成本，难免又增加地方财政的赤字。在这种情形下，中央政府可以通过激励手段，一方面合理扩大地方政府税收自留比重，增加直接税收收入；另一方面对农业转移人口集中流入地或净流入规模大的地方政府，提供专项财政转移支付或补贴。此外，积极探索建立人口流入地和流出地资源互换机制，平衡人口流动带来的成本收益差额，以增强农业人口流入地政府分担市民化社会发展成本的财力。

9.2.2　创新市民化成本融资服务体系

创新城镇金融服务体系，是解决市民化各项成本的重要途径。支持农业转移人口集中流入地政府发行地方基础设施建设债券或市政债券，建立多元化城市管理或发展基金，是支持地方政府承担市民化社会发展成本的有效途径；支持吸纳农业转移人口就业的小微企业融资，降低类似中小企业贷款门槛，提供小额短期流动贷款等，有利于促进中小企业吸纳农业转移人口就业，提高农业转移人口的工资性收入和市民化成本分担能力；引导社会资本、保险资金、养老资金等建立随迁子女教育基金、农民工工伤保险基金、随迁老人赡养基金等专项基金，促进针对农业转移人口的福利公益事业发展，利用社会资本缓解政府市民化成本分担压力。

9.2.3　增加农业转移人口市民化的预期净收益

实现农业转移人口市民化的最大动力来自城镇预期净收益高于农村净收入所导致的农业人口的主动市民化。农业转移人口或家庭是基于市民化前后的预期净收益而做出迁移决策的，这是微观主体主动市民化的内在驱动力。农业转移人口在城镇获得收入水平能弥补整个市民化过程的所有成本支出，则市民化将是理性的帕累托改进行为。农业转移人口市民化的成本也就内生于主动市民化的过程中，无须政府和企业进行分担。因此，一方面，需要提高农业转移家庭的经济收益，如鼓励企业组织开展农民工就业培训，增强农业转移人口的人力资本水平;严格执行政府征地补偿标准,建立农用地非农化增值收益的反哺机制,增加农业转移人口市民化的资产收益。另一方面,降低农业转移人口市民化后的成本支出,诸如:落实保障性住房安居工程,让进城的农业转移家庭有安定的居住之所;鼓励农业转移人口积极参加城镇社会保障;严禁严查侵犯农民工正常权益的违法行为;支持建设更多面向随迁子女和流动人口的义务教育、医疗卫生和职业教育等基础设施。

9.2.4　提升住房保障制度的安居功能

居住权是实现人口迁移过程的重要基础和前提,稳定的居所是吸引农业转移人口市民化的重要因素。当前,由于户籍制度等多方面原因,造成农业转移人口在获得政府提供的廉租房使用权方面仍受到诸多限制。尽管住建部等七部委共同发布过《关于加快发展公共租赁住房的指导意见》,明文规定将农业转移人口纳入廉租房供应对象范围之内,但在地方执行过程中却大打折扣,农民工大多居住在工地、城郊甚至棚户区,农业转移家庭难有稳定居所。促进农业转移人口家庭整体式城镇化,是新型城镇化战略的核心内涵,而实现农业转移人口家庭的城镇化,需要进一步改善居住环境,提高家庭居住的稳定性,为农业转移家庭市民化提供基础载体和界面。

稳定的居所是农业转移人口市民化社会发展成本支出的重要组成部分,也是农业转移人口家庭实现永久市民化的重要基础。改革城镇住房保障制度,完善城市经济适用房、廉租房等供应制度,降低农业转移人口申领保障性住房的资格限制,一方面能够使农业转移人口分享经济发展成果、促进社会公平正义;另一方面城镇化的居住环境有利于引导农业人口思想观念和行为方式的转变,为市民化降低融入难度和心理成本。

实现保障性住房制度的安居功能,降低农业转移人口家庭市民化的成本,需要多元主体共同努力。保障性住房提供方面,需要地方政府根据当地经济社会发展水平和农业转移人口流入规模,合理制定住房建设规划,建立和完善保障性住房供应监测机制,中央政府可以专项财政资金配合地方政府的保障性住房建设。为提高农业转移人口家庭购置城镇住房的支付能力,需要制定覆盖农业转移人口的住房公积金缴存和使用办法,可规定由其所在单位和个人共同缴纳住房公积金。

9.2.5　剥离公共服务户籍属性，增强转移人口家庭保障和预防功能

与城镇居民相比，农业转移人口进入城镇以后经常出现同城不同权的尴尬局面，其主要原因来自城乡二元户籍制度及其绑定的公共服务的不均等。虽然，我国户籍制度改革取得了一些进展，在部分地区初步建立了城乡统一的户籍管理制度，但是"隐性户籍墙"依旧存在于市民化进程中，且难以跨越，如随迁子女入学权利、城镇购房权利、享受社会保障权利等方面的障碍，造成农业转移人口或家庭融入城市的成本增加。

因此，要全面放开中小城市和小城镇的落户限制，赋予农业转移人口与城镇市民同等的户籍权利及公共服务水平，保障农业转移人口及家庭充分享有城镇基本保障，把符合条件的农业转移人口纳入城镇最低生活保障范围，根据农业转移人口家庭的具体情况，酌情减免养老保险缴费额度和缴费年限，不足部分由地方政府公共财政承担。农业转移人口及其家庭平等享受城镇公共服务资源和参与城镇各项社会保障，是增强其家庭保障和预防功能的重要途径。

9.2.6　切实推进以人为核心的新型城市化

解决好人的问题是推进城市化的关键。城乡居民的两种身份制度、教育制度、就业制度、公共服务制度和财政转移制度，不仅导致城乡居民人均收入差距日益扩大，也导致了城乡居民公共服务水平过于悬殊。

以农业转移人口的市民化为重点、积极稳妥地推进城市化是当前城市化的主要任务，要通过改善公共服务，加强权益保护，逐步破解城乡二元化结构，推进农业转移人口享有城镇基本公共服务，消除城市化参与者之间发展机会的不平等。要尊重农民在进城或留乡问题上的自主选择权，保护农民承包地、宅基地等合法权益。要保证农民工随迁子女平等接受义务教育，将农民工纳入城镇职工基本养老和医疗保险体系。要建立农民工基本培训补贴制度。要采取廉租住房、公共租赁住房、租赁补贴以及建设经济适用房等多种方式完善城镇住房保障体系，多渠道改善住房供应。要增强政府提供公共服务的能力和规模，创新公共服务供给方式，实现供给主体和方式多元化，提高城镇居民基本公共服务水平，促进基本公共服务的均等化。

参考文献

［1］ BOGUE D J. Principles of demography [M]. New York: John Wiley and Sons, Inc., 1969.

［2］ CARD D. Immigration and inequality [J]. American Economic Review, 2009, 99 (2): 1 - 21.

［3］ CHUL-IN LEE. Migration and the wage and unemployment gaps between urban and non-urban sectors: a dynamic general equilibrium reinterpretation of the Harris-Todaro equilibrium [J]. Labour Economics, 2008 (2).

［4］ DAPENG HU. Trade, rural-urban migration, and regional income disparity in developing countries: a spatial general equilibrium model inspired by the case of China [J]. Regional Science and Urban Economics, 2002, 32: 311 –338.

［5］ DAVIN D. Internal migration in contemporary China [M]. New York: St. Martin's Press, 1999.

［6］ DOROTHY J SOLINGER. Citizenship issues in China's internal migration: comparison with Germany and Japan [J]. Political Science Quarterly, 1999, 114 (3): 455 –478

［7］ DUSTMANN C. Difference in the labor market behavior between temporary and permanent migrant women [J]. Labor Economics, 1997, 4: 29 –46.

［8］ ELLMAN M. Socialist planning [M]. Cambridge: Cambridge University Press, 1979.

［9］ FEI C H, RANIS G. A theory of economic development [J]. American Economic Review, 1961, S. 1 (4): 533 –565.

［10］ FENG WANG, XUEJIN ZUO. History's largest labor flow: understanding China's rural migration inside China's cities institutional barriers and opportunities for urban migrants [J]. AEA Papers and Proceedings, 1999, 89 (2): 276 –280.

[11] FERBER T. Personae meteen uttering [J]. Social Economics Trends, 2008, 1: 25 – 34.

[12] GUNDEL JOAKIM. The migration-development nexus: Somalia case study [J]. International Migration, 2002, 40 (5): 255 – 279.

[13] HANSEN J, LOFSTROM M. The Dynamics of Immigrant Welfare and Labor Market Behavior [J]. Journal of Population Economic, 2008, 22 (4): 941 – 970.

[14] JAZAYERY, LEILA. The Migration-Development nexus: Afghanistan case study [J]. International Migration, 2002, 40 (5): 231 – 52.

[15] JOHN MASON. Migration and Mexican development [J]. Social Science Quarterly, 1998, 79 (1): 23 – 25.

[16] JOPPKE C. Citizenship and Immigration [J]. PS Political Science and Politics, 2010 (33): 535 – 540.

[17] JORGENSON D W. The development of a dual economy [J]. Economic Journal, 1961, 71 (282): 309 – 334.

[18] JOSE SOTELO MARIA, GIMENO LUIS. Migration, development and psychology: looking for a link [J]. Social Behavior & Personality: An International Journal, 2003, 31 (1): 55 – 60.

[19] KEETON WILLIAM R, NEWTON GEOFFREY B. Migration in the tenth district: long-term trends and developments [J]. Economic Review, 2006, 91 (3): 33 – 74.

[20] KNIGHT, et al. Chinese rural migrants in urban enterprises: three perspectives [J]. The Journal of Development Studies, 1999, 35 (3): 73 – 104.

[21] KOJIMA R. Breakdown of China's Policy of Restricting Population Movement [J]. The Development Economics, 1996, 34 (4): 370 – 401.

[22] LEE CHING KWAN. Against the Law: Labor Protests in China's Rustbelt and Sunbelt [M]. University of California Press, 2007: 252 – 262.

[23] LEWIS W A. Economic development with unlimited supplies of labor [J]. The Manchester School of Economic and Social Studies, 1954, 47 (3): 139 – 191.

[24] LUCAS R E, STARK O. Motivations to remit: evidence from Botswana

[J]. The Journal of Political Economy, 1985, 93.

[25] LUCAS R E. On the mechanics of economic development [J]. Journal of Monetary Economics, 1988, 22 (1): 3 –42.

[26] LUCAS R E. Life earnings and rural-urban migration [J]. Journal of Political Economy, 2004, 112: 29 –59.

[27] MAPHOSA FRANCE. Remittances and development: the impact of migration to South Africa on rural livelihoods in Southern Zimbabwe [J]. Development Southern Africa, 2007, 24 (1): 123 –136.

[28] MARTIN PHILIP, MARTIN SUSAN, CROSS SARAH. High-level dialogue on migration and development [J]. International Migration, 2007, 45 (1): 7 –25.

[29] MASKIN B E S. Mechanism Design: How to Implement Social Goals [J]. American Economic Review, 2008, 98 (3): 567 –576.

[30] MENG XING JUNSEN ZHANG. The two-tier labor market in urban China [J]. Journal of Comparative Economics, 2001, 29: 485 –504.

[31] MINCER JACOB. Investment in human capital and personal income distribution [J]. The Journal of Political Economy, 1958, 66 (4): 281 –302.

[32] MINCER M. Family Migration Decisions [J]. American Economic Review, 1978 (21): 43 –50.

[33] MURPHY RACHEL. Return migration entrepreneurs and economic diversification in two counties in south Jiangxi, China [J]. Journal of International Development, 1999, 11: 45 –57.

[34] MYERSON R B. Perspectives on mechanism design in economic theory [J]. American Economic Review, 2008, 98 (3): 586 –603.

[35] NAMSU JUNG, JEONGJAE LEE, HEINEMANN PAUL H, DAESIK KIM, HAN JOONG KIM. Development of a real elderly migration model considering spatial interaction [J]. Journal of Urban Planning & Development, 2004, 130 (4): 175 –183.

[36] OLSON M. The logic of collective action [M]. Cambridge, MA: Harvard University Press, 1965: 53 –65.

[37] OYELERE U R, OYLOLA M. Do Immigrant Groups Differ in Welfare

Usage? Evidence from US [J]. Atlantic Economics Journal, 2011, 39 (3): 231 – 247.

[38] PEERS STEVE. Key legislative developments on migration in the European Union [J]. European Journal of Migration & Law, 2007, 9 (2): 229 – 251.

[39] PETER D GOLDSMITH, KISAN GUNJAL, BARNABE NDARISHIKANYE. Rural-urban migration and agricultural productivity: the case of Senegal [J]. Agricultural Economics, 2004, 31: 33 – 45.

[40] RACLER D. Making democracy work: civil traditions in modern Italy [M]. Princeton: Princeton University Press, 1993: 89.

[41] RAVENSETIN E G. The laws of migration [J]. Journal of the Royal Statistical Society, 1985, 48 (2): 207 – 215.

[42] ROZELLE SCOTT J, EDWARD TAYLOR, ALAN DEBRAUW. Migration, remittances, and agricultural productivity in China [J]. The American Economic Review, 1999, 189 (2).

[43] SCHULTZ T W. Investment in human capital [J]. The American Economic Review, 1961, 51 (1): 1 – 17.

[44] SCHULTZ T W. Investment in human beings [J]. The Journal of Political Economy, 1962, Suppl 80.

[45] SEEBORG M C. The new rural-urban mobility in China [J]. Journal of Socio-Economics, 2000, 29: 39 – 56.

[46] SJAASTAD L A. The costs and returns of human migration [J]. Journal of Political Economy, 1962, 70: 80 – 93.

[47] SOLINGER D J. Contesting citizenship in urban China present migrant, the state and the logic of the market [M]. Berkeley: University of California Press, 1999 : 190.

[48] STARK ODED, DAVID E BLOOM. The new economics of labor migration [J]. The American Economic Review, 1985, 75 (6): 233 – 265.

[49] STARK ODED, TAYLOR J EDWARD. Relative deprivation and international migration [J]. Demograp, 1989, 26.

[50] STARK ODED, TAYLOR J EDWARD. Migration incentives, migration

types: the role of relative deprivation [J]. The Economic Journal, 1991, 101.

[51] STARK ODED. The migration of labor [M]. Oxford: Basil Blackwell, 1991: 136.

[52] TOBLER WALDO. Migration: raven stein, thorns' waited, and beyond [J]. Urban Geography, 1995, 16 (4): 327 – 343.

[53] TODARO M P. A model of labor migration and urban unemployment in less developed countries [J]. American Economic Review, 1969, 59 (1): 138 – 148.

[54] VERSANTVOORT M, et al. Evaluative Werknemers Vermeer MOE-landed [J]. Rotterdam: Encores, 2006, 23: 126 – 135.

[55] WILDASIN D E. Income redistribution and migration [J]. Canadian Journal of Economics, 1994, 27: 123 – 139.

[56] WILLIAM B. Competing technologies and lock-in by historical small events [J]. Economic Journal, 1989: 116 – 131.

[57] WONG L L, NIEEGLE M. Chinese immigrant entrepreneurs in Vancouver: a case study of ethnic business development [J]. Canadian Ethnic Studies, 1998, 33 (1): 64 – 84.

[58] XIANG BIAO. The making of mobile subjects: how migration and institutional reform intersect in northeast China [J]. Development, 2007, 50 (4): 69 – 74.

[59] ZELINSKY WILBUR. The hypothesis of the mobility transition [J]. Geographical Review, 1971, 61 (2): 219 – 249.

[60] 蔡昉. 人口转变、人口红利与刘易斯转折点 [J]. 经济研究, 2010 (4): 4 – 13.

[61] 蔡瑞林, 陈万明, 朱广华. 农业转移人口市民化公共成本: 成本分担还是利益反哺? [J]. 农村经济, 2015 (1): 110 – 115.

[62] 曹兵, 郭玉辉. 论农民工市民化的社会成本构成 [J]. 经济论坛, 2012 (8): 116 – 118.

[63] 曹宗平. 农村剩余劳动力转移的成本分析及路径选择 [J]. 山东社会科学, 2009 (4): 74 – 77.

[64] 陈怡男, 刘鸿渊. 农民工市民化公共属性与制度供给困境研究

[J]. 经济体制改革, 2013 (4): 80-84.

[65] 谌新民, 周文良. 农业转移人口市民化成本分担机制及政策涵义 [J]. 华南师范大学学报: 社会科学版, 2013 (5): 2, 134-141.

[66] 丁凯. 农民工市民化障碍与难点研究综述 [J]. 经济体制改革, 2013 (4): 89-92.

[67] 丁萌萌, 徐滇庆. 城镇化进程中农民工市民化的成本测算 [J]. 经济学动态, 2014 (2): 36-43.

[68] 杜海峰, 顾东东, 杜巍. 农民工市民化成本测算模型的改进及应用 [J]. 当代经济科学, 2015 (3): 1-10.

[69] 冯俏彬. 构建农民工市民化成本的合理分担机制 [J]. 中国财政, 2013 (13): 63-64.

[70] 傅晨, 任辉. 农业转移人口市民化背景下农村土地制度创新的机理: 一个分析框架 [J]. 经济学家, 2014 (3): 74-83.

[71] 傅东平, 李强, 纪明. 农业转移人口市民化成本分担机制研究 [J]. 广西社会科学, 2014 (4): 72-77.

[72] 甘满堂. 农民工改变中国——农村劳动力转移与城乡协调发展 [M]. 北京: 社会科学文献出版社, 2011: 12-14.

[73] 高拓, 王玲杰. 构建农民工市民化成本分担机制的思考 [J]. 中州学刊, 2013 (5): 45-48.

[74] 葛晓巍. 市场化进程中农民职业分化及市民化研究 [D]. 杭州: 浙江大学, 2007.

[75] 辜胜阻, 李睿, 曹誉波. 中国农民工市民化的二维路径选择——以户籍改革为视角 [J]. 中国人口科学, 2014 (5): 2-10, 126.

[76] 管明. 中国自发性乡城迁移式农民市民化机理研究 [D]. 哈尔滨: 哈尔滨工业大学, 2008.

[77] 国家发展改革委经济体制与管理研究所课题组. 加快城镇化、市民化方面的改革 [J]. 宏观经济管理, 2013 (9): 16-17.

[78] 洪小良. 城市农民工的家庭迁移行为及影响因素研究——以北京市为例 [J]. 中国人口科学, 2007 (7): 42-50.

[79] 胡桂兰, 邓朝晖, 蒋雪清. 农民工市民化成本效益分析 [J]. 农业经济问题, 2013 (5): 83-87.

[80] 胡秋阳. 农民工市民化对地方经济的影响——基于浙江 CGE 模型的模拟分析 [J]. 管理世界, 2012 (3): 72-80, 95.

[81] 黄锟. 城乡二元制度对农民工市民化影响的实证分析 [J]. 中国人口、资源与环境, 2011 (3): 76-81.

[82] 黄锟. 中国农民工市民化制度分析 [D]. 武汉: 武汉大学, 2009.

[83] 惠宁, 霍丽. 中国农村剩余劳动力转移研究 [M]. 北京: 中国经济出版社, 2007: 43-44.

[84] 简新华, 黄锟. 中国农民工最新情况调查报告 [J]. 中国人口、资源与环境, 2007, 17 (6): 1-6.

[85] 康涌泉. 农业转移人口市民化的成本及收益解析 [J]. 河南师范大学学报: 哲学社会科学版, 2014 (6): 116-120.

[86] 李宏, 何春晖. 农民工市民化过程中的社会保险问题研究——以河北省为例 [J]. 经济论坛, 2014 (3): 106-110.

[87] 李俭国, 张鹏. 新常态下新生代农民工市民化社会成本测算 [J]. 财经科学, 2015 (5): 131-140.

[88] 李诗然, 方小教. 新生代农民工市民化路径选择的新趋势 [J]. 江淮论坛, 2014 (3): 24-27, 95.

[89] 李为, 伍世代. 农业转移人口市民化公共成本测算及分担——以福建为例 [J]. 东南学术, 2015 (3): 154-160.

[90] 李曰春. 有序推进农业转移人口市民化: 战略意义与基本路径 [J]. 改革与战略, 2014 (1): 93-96.

[91] 厉以宁. 土地流转与宅基地制度设计 [J]. 农村工作通讯, 2009 (9): 10-11.

[92] 林燕. 二元结构下的劳动力非家庭化转移研究 [D]. 杭州: 浙江大学, 2009.

[93] 林亦平, 周应堂, 张斌. 农业转移人口异质性的诠释与分析——以南京、常州与扬州比价分析为例 [J]. 技术经济与管理研究, 2015 (3): 104-108.

[94] 刘洪银. 新生代农民工内生性市民化与公共成本估算 [J]. 云南财经大学学报, 2013 (4): 136-141.

[95] 刘怀谦. 农村剩余劳动力转移新论 [M]. 北京: 中国经济出版社, 2004: 44-46.

［96］刘灵辉. 城镇化进程中户籍非农化诱发的征地补偿收益分配冲突研究 ［J］. 中国人口、资源与环境，2014（2）：76－81.

［97］刘锐，曹广忠. 中国农业转移人口市民化的空间特征与影响因素 ［J］. 地理科学进展，2014（6）：748－755.

［98］刘守英，周飞舟，邵挺. 土地制度改革与转变发展方式 ［M］. 北京：中国发展出版社，2012：78.

［99］刘小年. 农民工市民化与户籍改革：对广东积分入户政策的分析 ［J］. 农业经济问题，2011（3）：46－53，110.

［100］刘召勇，张广宇，李德洗. 农民工市民化待遇期盼及意向分析 ［J］. 调研世界，2014（2）：26－28.

［101］柳博隽. 建立农民工市民化成本分担机制 ［J］. 浙江经济，2012（10）：8.

［102］柳建文，孙梦欣. 农村征地类群体性事件的发生及其治理——基于冲突过程和典型案例的分析 ［J］. 公共管理学报，2014（2）：101－114，143－144.

［103］陆杰华，韩承明. 论小城镇与我国的城镇化发展道路 ［J］. 中国特色社会主义研究，2013（1）：98－104.

［104］栾贵勤，孟伟，周雯瑜. 农民工市民化的经济社会效应 ［J］. 农村经济，2012（8）：110－113.

［105］马海旺，崔金玉，于梦莹. 河北省农业转移人口市民化问题调研的意义 ［J］. 合作经济与科技，2014（23）：34－35.

［106］欧阳力胜. 新型城镇化进程中农民工市民化研究 ［D］. 北京：财政部财政科学研究所，2013.

［107］潘华. "回流式"市民化：新生代农民工市民化的新趋势——结构化理论视角 ［J］. 理论月刊，2013（3）：171－174.

［108］钱一舟. "收入－成本"对进城务工农民市民化的壁垒影响 ［J］. 现代经济探讨，2008（2）：20－24..

［109］秦立建，陈波，蒋中一. 我国城市化征地对农民健康的影响 ［J］. 管理世界，2012（9）：82－88.

［110］申兵. "十二五"时期农民工市民化成本测算及其分担机制构建——以跨省农民工集中流入地区宁波市为案例 ［J］. 城市发展研究，2012，19（1）：

86 - 92.

[111] 沈佳斌. 农民工市民化：剩余劳动力转移的"中国路径"——《中国农民工市民化进程研究》评介 [J]. 经济评论, 2008 (5)：159 - 160.

[112] 盛洪. 外部性问题和制度创新 [J]. 管理世界, 1995 (2)：35 - 46.

[113] 施远涛. 农业转移人口市民化的逻辑、困境及政策变革——基于家庭的视角 [J]. 苏州大学学报：哲学社会科学版, 2015 (1)：126 - 132.

[114] 石智雷, 朱明宝. 财政转移支付与农业转移人口市民化研究 [J]. 西安财经学院学报, 2015 (2)：5 - 10.

[115] 孙晓军. 农村劳动力流动的政治经济学分析 [D]. 福州：福建师范大学, 2005.

[116] 唐云锋, 温其玉, 郭贯成. 补偿核算新视角：土地征收与农民"被动性"市民化——以江苏省南京市为例 [J]. 中国土地科学, 2015 (5)：48 - 55.

[117] 田国强. 经济机制理论：信息效率与激励机制设计 [J]. 经济学：季刊, 2003, 2 (2)：271 - 308.

[118] 田明. 农业转移人口空间流动与城市融入 [J]. 人口研究, 2013 (4)：43 - 55.

[119] 王琛. 从利益相关者理论解读农业转移人口市民化 [J]. 经济社会体制比较, 2015 (3)：81 - 91.

[120] 王凤芝, 马宁. 河北省劳动就业公共服务体系建设的对策 [J]. 河北大学学报：哲学社会科学版, 2013 (6)：138 - 140.

[121] 王桂新, 沈建法, 刘建波. 中国城市农民工市民化研究——以上海为例 [J]. 人口与发展, 2008 (1)：3 - 23.

[122] 王克强, 胡海生, 刘红梅. 中国地方土地财政收入增长影响因素实证研究——基于1995—2008 年中国省际面板数据的分析 [J]. 财经研究, 2012 (4)：112 - 122.

[123] 王松岭. 二元结构下农业发展与农业劳动力转移研究 [D]. 上海：复旦大学, 2005.

[124] 王兆林. 户籍制度改革中农户土地退出行为研究：重庆的实证 [D]. 重庆：西南大学, 2013.

[125] 王志燕，魏云海，董文超. 山东省农业转移人口市民化成本测算及分担机制构建 [J]. 经济与管理评论，2015 (2): 125-131.

[126] 魏后凯，苏红键. 中国农业转移人口市民化进程研究 [J]. 中国人口科学，2013 (5): 21-29, 126.

[127] 文贯中. 吾民无地：城市化、土地制度与户籍制度的内在逻辑 [M]. 北京：东方出版社，2014.

[128] 吴国培，吴伟，方晓炜. 中国新型城镇化路径选择和成本测算 [J]. 亚太经济，2015 (1): 124-128.

[129] 吴越. 土地财政三问与制度变迁 [J]. 政法论坛，2011 (7): 26-38.

[130] 西奥多·W. 舒尔茨. 改造传统农业 [M]. 梁小民，译. 北京：商务印书馆，2003.

[131] 西奥多·舒尔茨. 论人力资本投资 [M]. 北京：经济科学出版社，2001.

[132] 徐爱东，吴国峰. 农业转移人口市民化微观决策机制研究 [J]. 西部论坛，2015 (5): 1-8.

[133] 徐红芬. 城镇化建设中农民工市民化成本测算及金融支持研究 [J]. 金融理论与实践，2013 (11): 69-72.

[134] 徐建荣. 新型城镇化下江苏农民工市民化成本探析 [J]. 现代经济探讨，2015 (2): 73-77.

[135] 许玉明. 重庆市农民工市民化的成本约束与制度创新 [J]. 西部论坛，2011 (2): 42-46.

[136] 薛翠翠，冯广京，张冰松. 城镇化建设资金规模及土地财政改革——新型城镇化背景下土地财政代偿机制研究评述 [J]. 中国土地科学，2013 (11): 90-96.

[137] 严俊. 机制设计理论：基于社会互动的一种理解 [J]. 经济学家，2008 (4): 103-109.

[138] 杨斌，史耀波. 农村公共产品成本分担对农户收入差距的影响机理与实证研究 [J]. 当代经济科学，2013 (2): 88-95, 127.

[139] 杨向阳，赵蕾. 公共投资对农业生产率和非农就业的影响研究 [J]. 农业经济问题，2007 (12): 41-49.

[140] 杨肖丽. 城市化进程中农民工的迁移行为模式及其决定 [D]. 沈

阳：沈阳农业大学，2009．

[141] 杨云彦，秦尊文．人口流动、土地流转与新农村建设 [J]．中国地质大学学报：社会科学版，2007 (5)：23 - 27，33．

[142] 姚林如．产业资本形成与劳动力转移研究 [D]．上海：上海交通大学，2007．

[143] 姚明明，陈丹．产业结构调整优化与就业结构转变分析——基于新结构经济学的视角 [J]．经济研究参考，2013 (65)：95 - 99．

[144] 姚明明，李华．财富结构、消费结构与扩大内需 [J]．消费经济，2014 (5)：28 - 33．

[145] 姚毅，明亮．我国农民工市民化成本测算及分摊机制设计 [J]．财经科学，2015 (7)：123 - 131．

[146] 姚植夫，薛建宏．新生代农民工市民化意愿影响因素分析 [J]．人口学刊，2014 (3)：107 - 112．

[147] 易余胤，刘汉民．经济研究中的演化博弈理论 [J]．商业经济与管理，2005 (8)：8 - 13．

[148] 余小英．农业转移人口市民化成本分担及政府角色研究 [J]．中国劳动，2015 (6)：25 - 29．

[149] 喻名峰，廖文．城市化进程中农民工社会政策的变迁与建构逻辑 [J]．湖南社会科学，2012 (4)：86 - 89．

[150] 袁方，蔡银莺．城市近郊被征地农民的福利变化测度——以武汉市江夏区五里界镇为实证 [J]．资源科学，2012 (3)：449 - 458．

[151] 曾思康．新生代农民工发展的经济学考察 [D]．福州：福建师范大学，2012．

[152] 曾旭晖，秦伟．在城农民工留城倾向影响因素分析 [J]．人口与经济，2003 (3)：50 - 54．

[153] 曾亿武，丘银．我国农民工市民化成本研究综述 [J]．安徽农业科学，2012 (17)：9503 - 9505．

[154] 张北平．农业转移人口市民化的成本研究 [J]．山西财经大学学报，2013 (S1)：14 - 15．

[155] 张国胜，陈瑛．社会成本、分摊机制与我国农民工市民化——基于政治经济学的分析框架 [J]．经济学家，2013 (1)：77 - 84．

[156] 张华. 农民工市民化的制约因素与对策分析 [J]. 统计与决策, 2012 (11): 114 – 117.

[157] 张建丽, 李雪铭, 张力. 新生代农民工市民化进程与空间分异研究 [J]. 中国人口、资源与环境, 2011 (3): 82 – 88.

[158] 张薇. 劳动力流动与区域经济差距的理论和实证分析 [D]. 西安: 西北大学, 2007.

[159] 张卫, 何雨, 王树华. 有序推进农业转移人口市民化的障碍及其对策研究——以江苏为例 [J]. 现代经济探讨, 2013 (12): 54 – 58.

[160] 张燕. 加快完善我国农业转移人口的社会保障制度 [J]. 经济纵横, 2014 (1): 7 – 12.

[161] 张运清. 对托达罗模型解读农村劳动力转移问题的反思 [J]. 社会科学家, 2007 (4): 158 – 162.

[162] 章光日, 顾朝林. 快速城市化进程中的被动城市化问题研究 [J]. 城市规划, 2006 (5): 78 – 85.

[163] 章羽. 城镇化的社会成本及其生成逻辑 [J]. 经济问题探索, 2015 (4): 14 – 18.

[164] 赵德起, 姚明明. 农民权利配置与收入增长关系研究 [J]. 经济理论与经济管理, 2014 (11): 82 – 100.

[165] 赵红, 王新军. 我国农业转移人口市民化推进研究——基于机制设计理论 [J]. 西北农林科技大学学报: 社会科学版, 2015 (3): 100 – 106.

[166] 赵在绪, 周铁军, 陶陶. 我国城镇化成本研究进展与展望 [J]. 城市规划, 2014 (6): 91 – 96.

[167] 中国科学院可持续发展战略研究组. 中国城市化的成本分析 [M]. 北京: 科学出版社, 2005.

[168] 周飞舟. 大兴土木: 土地财政与地方政府行为 [J]. 经济社会体制比较, 2010 (3): 77 – 89.

[169] 周建华. 农民工市民化的经济增长效应分析 [J]. 现代经济探讨, 2013 (3): 16 – 19, 68.

[170] 周蕾, 李放. 农民工城镇化意愿分层: 代际与婚姻的视角 [J]. 财贸研究, 2012 (4): 40 – 48.

[171] 周密, 张广胜, 黄利. 新生代农民工市民化程度的测度 [J]. 农

业技术经济, 2012 (1): 90 - 98.

[172] 周平. 新型城镇化建设下农民工市民化困境分析 [J]. 山东农业大学学报: 社会科学版, 2013 (4): 1 - 5, 32.

[173] 周其仁. 农地产权与征地制度——中国城市化面临的重大选择 [J]. 经济学: 季刊, 2004 (4): 193 - 210.

[174] 周向东. 重庆市农民工市民化转型成本测算及分担机制研究 [D]. 重庆: 重庆工商大学, 2012.

[175] 周小刚, 陈东有, 刘顺百. 农民市民化问题研究综述 [J]. 经济纵横, 2009 (9): 122 - 125.

[176] 朱柏铭. 人口净流入——补助低溢入与财政转移支付 [J]. 地方财政研究, 2015 (5): 40 - 47, 74.

[177] 朱杰. 长三角洲省级人口迁移格局及影响因素 [J]. 城市发展研究, 2010 (6): 97 - 104.

[178] 朱玲. 中国社会保障体系的公平性与可持续性研究 [J]. 中国人口科学, 2010 (5): 2 - 12, 111.

[179] 邹伟, 郭贯成, 吴群. 非政府主导的市民化影响因素分析 [J]. 农村经济, 2007 (7): 102 - 105.

[180] 左学金. 我国进城农民工市民化模式探讨 [J]. 西部论坛, 2011 (S1): 27 - 31.